DISCLAIMER

The author and publisher are providing this book and its contents on an "as is" basis and make no representations or warranties of any kind with respect to this book or its contents. The author and publisher disclaim all such representations and warranties, including but not limited to warranties of merchantability. In addition, the author and publisher do not represent or warrant that the information accessible via this book is accurate, complete, or current.

Except as specifically stated in this book, neither the author nor publisher, nor any authors, contributors, or other representatives will be liable for damages arising out of or in connection with the use of this book. This is a comprehensive limitation of liability that applies to all damages of any kind, including (without limitation) compensatory; direct, indirect, or consequential damages; loss of data, income, or profit; loss of or damage to property; and claims of third parties.

BESTACTIVITYBOOKS.COM

FIRST EDITION - Published 2022

Extra Graphic Material From: www.freepik.com
Thanks to: Alekksall, Starline, Pch.vector, Rawpixel.com, Vectorpocket, Dgim-studio, Upklyak, Macrovector, Stockgiu, Pikisuperstar & Freepik.com Designers

This Book Comes With Free Bonus Puzzles

Available Here:

BestActivityBooks.com/WSBONUS20

5 TIPS TO START!

1) HOW TO SOLVE

The Puzzles are in a Classic Format:

- Words are hidden without breaks (no spaces, dashes, ...)
- Orientation: Forward & Backward, Up & Down or in Diagonal (can be in both directions)
- Words can overlap or cross each other

2) ACTIVE LEARNING

To encourage learning actively, a space is provided next to each word to write down the translation. The **DICTIONARY** allows you to verify and expand your knowledge. You can look up and write down each translation, find the words in the Puzzle then add them to your vocabulary!

3) TAG YOUR WORDS

Have you tried using a tag system? For example, you could mark the words which have been difficult to find with a cross, the ones you loved with a star, new words with a triangle, rare words with a diamond and so on...

4) ORGANIZE YOUR LEARNING

We also offer a convenient **NOTEBOOK** at the end of this edition. Whether on vacation, travelling or at home, you can easily organize your new knowledge without needing a second notebook!

5) FINISHED?

Go to the bonus section: **MONSTER CHALLENGE** to find a free game offered at the end of this edition!

Want more fun and learning activities? It's **Fast and Simple!**
An entire Game Book Collection just **one click away!**

Find your next challenge at:

BestActivityBooks.com/MyNextWordSearch

Ready, Set... Go!

Did you know there are around 7,000 different languages in the world? Words are precious.

We love languages and have been working hard to make the highest quality books for you. Our ingredients?

A selection of indispensable learning themes, three big slices of fun, then we add a spoonful of difficult words and a pinch of rare ones. We serve them up with care and a maximum of delight so you can solve the best word games and have fun learning!

Your feedback is essential. You can be an active participant in the success of this book by leaving us a review. Tell us what you liked most in this edition!

Here is a short link which will take you to your order page.

BestBooksActivity.com/Review50

Thanks for your help and enjoy the Game!

Linguas Classics Team

1 - Antiques

ആ ധ ◌ി ക ◌ാ ര ◌ി ക ബ ഷ ന പ ഹ ഴ ഗ മ
അ ല ങ ◌് ക ◌ാ ര ശ ആ ഹ ◌ൂ ണ ഴ ആ ◌ു ◌ൂ
പ ◌ം ല ◌് ◌ി ശ ര ൽ ത വ റ ദ ന യ ണ ല
ജ ◌ു ക ല ഫ ഗ ഖ ട ഴ ക ◌് ഡ ഴ മ മ ◌്
ഴ ന ന ത ഷ ണ ല ഗ ള അ റ ഉ ആ ◌ാ ◌േ യ
ക ◌ാ ദ ◌ഃ ക സ ൻ ൽ അ സ ◌ാ ള ക ണ ന ◌ം
ഹ ണ ബ ല സ ത ച സ ഫ ൻ ണ ദ ര ര ◌് ങ
വ യ ർ ച ച ◌് ◌ി ണ ർ ഫ ◌് ൾ ട ധ മ ര
◌ി ങ ട പ ബ ത ഥ ഹ ത പ ട ൽ എ ◌ാ യ ഖ
ല ◌് ◌് യ ഫ ജ ൻ ◌ാ ത ന ◌് ൾ സ ◌ാ ◌ു ശ
◌ി ങ ക ങ ള ട ജ ക പ ജ ഖ ര ച സ ള ള
◌ൈ ൾ ള സ ഗ ആ ണ ദ ഷ ന ഉ ക ണ അ ◌് ഗ
ശ ൾ ക അ ഹ റ ◌ി ല ◌ാ ഗ ആ ബ ങ ള ള ഡ
ന ◌ി ക ◌് ഷ ◌േ പ ◌ം ◌േ ഫ ന ട ച യ ഹ ൻ
ള ൻ ട എ ഖ ൻ ര ൾ എ ല ങ ങ ല ഹ ത ശ
ആ ഭ ര ണ ങ ◌് ങ ൾ ള ഴ ◌ം ട ര ണ ച ഴ

കല
ലേലം
ആധികാരിക
നൂറ്റാണ്ട്
നാണയങ്ങൾ
കളക്ടർ
അലങ്കാര
ത്ത
ഫർണിച്ചർ
ഗാലറി
നിക്ഷേപം
ആഭരണങ്ങൾ
പഴയ
വില
ഗുണമേന്മയുള്ള
പുനഃസ്ഥാപന
ശില്പം
ശൈലി
അസാധാരണമായ
മൂല്യം

2 - Food #1

ശ് സ ള ഡ ജ ദ റ ണ ര എ ര ഉ ന ആ ന ശ
ജ ട ഡ ഡ ൽ ജ ◌് യ ◌ൂ സ ◌് പ ◌ി ൽ ◌ാ പ
സ ◌ൂ പ ◌് പ ◌് റ യ ആ ങ പ ◌് ല ട ര വ
ഡ ട ട ല ശ് ഡ ◌് ശ ദ ഗ ◌ി പ ക ◌് ങ ◌െ
ക ൽ ള ◌ാ യ ള ര ◌ീ ച പ യ ◌് ◌് യ ◌് ള
ട ഫ ദ സ ബ ഗ ◌ാ ദ ച ഞ ർ ശ ക ◌ൂ ങ ◌ു
ട ◌േ ൺ ഐ പ ◌ി ക ജ യ ◌് ര വ ട ണ ഉ ത
ന ല ച ങ ഗ ബ ങ ജ ള ച പ അ ല ണ ഴ ◌്
ഉ ന യ ള ങ ത ആ ന ◌ം സ ഖ ഴ പ ശ് സ ത
ഡ സ ട ട ◌് പ പ ◌് വ ◌ാ ◌ു റ ക ഗ ന ◌ു
ബ ◌േ സ ◌ി ൽ സ ഉ ശ യ ര ല ന ത ഫ ഫ ള്
സ ല ഫ ന ള ഖ ച ങ ദ സ ര ട വ ആ ഷ ◌്
ആ പ ◌് ര ◌ി ക ◌് ക ◌ോ ട ◌് ട ◌് അ യ ള
സ ബ ശ് സ ◌് ട ◌് ര ◌ോ ബ ◌െ റ ◌ി ജ ന ◌ി
ൻ ഫ ശ ല ള ങ ഡ ട ജ ഫ ശ പ ജ വ ശ ഖ
ഗ പ ൻ ബ ഉ ട ഴ ൻ ള ഖ ക ശ ച ട ത വ

ആപ്രിക്കോട്ട്
യവം
ബേസിൽ
കാരറ്റ്
കറുവാപ്പട്ട
വെളുത്തുള്ളി
ജ്യൂസ്
നാരങ്ങ
പാൽ
ഉള്ളി

നിലക്കടല
പിയർ
സാലഡ്
ഉപ്പ്
സൂപ്പ്
ചീര
സ്ട്രോബെറി
പഞ്ചസാര
ട്യൂണ
ടേൺഐപി

3 - Measurements

ട ശ ം ാ ശ ദ ഉ ബ ഇ ഴ ത ഡ ൾ ല യ ഡ
ള ബ മ ശ എ ണ ൻ ഡ ഞ ഉ ശ ൾ ട ന സ ഡ
ൾ ് സ ീ ർ ദ ക ര ് ര ദ എ ൻ മ െ ി
ക ദ ര ഉ റ ആ ഴ ം ച ജ ബ ഴ ഖ ി ന ഗ
ര ം ാ ഭ റ ് എ ഴ ് ആ ഉ ശ ഡ ന ് ്
ാ ല ം സ ് സ റ ട ഖ ദ വ ഖ ഷ ി റ ര
ം ന ഗ അ മ ൺ ദ ർ ബ ന യ വ ര റ ീ ി
് ത ് യ ീ ഊ ഴ റ ക ാ െ ീ അ വ ് മ ശ
ഗ ജ ല ന ല ഹ ക റ ല ബ റ ള ര റ ീ വ
ര ആ ഃ ്ര പ ഃ ്ര ഫ ് ഖ ന ഖ ് ം ് റ ഷ
ള ൻ ി ത ി ീ വ ി ഗ ഹ ഷ സ റ ൻ ് ൾ
ശ ണ ക ഷ ക ച ൻ ല ഷ ൽ ഗ ദ ഹ ് റ ന
ള ഫ ന ള ഹ ച ത ര ദ യ ദ സ ൻ ഉ ർ ശ
ട ഴ എ ൽ അ ണ ഖ ഹ ര ദ ൾ ദ ര യ ട ഹ
ഉ യ ര ം ബ ഹ ു ജ ന ക ര ൻ ത ര ജ സ
ട ന ങ ഗ ങ ക എ ച ഷ യ ഷ ക ജ ൾ അ എ

ബൈറ്റ്
സെന്റീമീറ്റർ
ദശാംശ
ഡിഗ്രി
ആഴം
ഗ്രാം
ഉയരം
ഇഞ്ച്
കിലോഗ്രാം
കിലോമീറ്റർ
നീളം
ലിറ്റർ
ബഹുജന
മീറ്റർ
മിനിറ്റ്
ഔൺസ്
ടൺ
ശബ്ദം
ഭാരം
വീതി

4 - Farm #2

ത സ ഡ ദ വ ജ ട ഫ വ ഭ ല ത ഴ ൽ എ ച
ന ◌േ ഡ ൻ ത പ എ ക ഹ സ ക ത ൻ ദ അ ◌െ
യ ◌ം ന ◌് ◌ാ ധ ഖ സ റ ന ൾ ◌് ൻ ഹ ന മ
ഷ ഖ അ ◌ീ അ ൻ പ ട ◌ി ച ഹ ◌ു ഷ ഡ യ ◌്
ഡ ങ ൾ ര ച ണ ങ ഹ ക ൾ ൽ ഴ ൽ ണ ഫ മ
ക ർ ഷ ക ൻ ◌് ദ യ ക സ ൽ പ സ ങ ◌ം ര
സ ശ ബ ഗ വ ങ ച ട ◌് ര ◌ാ ക ◌് ട ർ ◌ി
ഗഃ ◌്ര ത മ ◌് പ ◌് ക ച ഖ പ എ പ ◌ം ഗ യ
എ ത ◌ാ റ ◌ാ വ ◌് ൻ ◌് ത ല ◌ാ മ ട ൽ ◌ാ
മ ◌ൃ ഗ ങ ◌് ങ ൾ യ ച ക ഉ ര വ ◌് ഗ ട
അ ങ ഡ ൾ ജ ഫ ജ ഗ പ ഫ ◌ൂ ര ബഃ ◌്ര ഡ ◌്
ഫ ള ക ള പ ◌് പ ◌ു ര ദ ഗ ട ല ത ഉ ട
ആ ട ◌് ട ◌ി ൻ ക ◌ു ട ◌് ട ◌ി ◌് ന ക ഡ
യ വ ◌ം ജ ല സ ◌േ ച ന ◌ം ങ പ ര ഷ ള ഹ
പ ◌ു ല ◌് ത ◌് ത ക ◌ി ട ◌ി ശ ഴ പ ശ യ
ഉ ന ര ബ പ ങ അ ഹ ച ട ല ക ഖ ◌ം ഷ ട

മൃഗങ്ങൾ
യവം
കളപ്പുര
തേനീച്ചക്കൂട്
ധാന്യം
താറാവ്
കർഷകൻ
ഭക്ഷണം
പഴം
ജലസേചനം
ആട്ടിൻകുട്ടി
ലാമ
പുല്ത്തകിടി
പാൽ
തോട്ടം
പഴുത്ത
ചെമ്മരിയാട്
ട്രാക്ടർ
പച്ചക്കറി
ഗോതമ്പ്

5 - Books

സ	സ	പ	ആ	ല	ഡ	ഹ	വ	ഖ	ഇ	ൻ	ജ	ത	ഖ	യ	ൽ
◌്	◌ാ	◌ാ	ആ	ട	ല	ഴ	ശ	സ	ക	ത	ല	ദ	വ	ൽ	ജ
ര	ന	ഹ	ഹ	ഉ	ന	ന	ഴ	സ	ണ	◌ം	◌ി	ക	വ	◌ി	ത
◌ീ	◌ഃ	ആ	◌ി	സ	ദ	ഭ	ർ	ദ	◌്	ന	സ	ഹ	ച	ത	ത
◌ീ	വ	ഖ	ബ	ത	◌ി	സ	ഷ	ൻ	ട	◌്	അ	ച	◌ാ	ണ	ച
സ	ൽ	◌്	ര	ആ	◌്	ക	ത	അ	◌ു	ര	ൽ	ഷ	ള	സ	ര
ണ	ള	യ	ന	ഡ	ഹ	യ	ത	അ	പ	◌ു	അ	അ	ല	വ	◌ം
ഡ	ശ	◌ാ	ഫ	ഴ	എ	ര	ഡ	ത	◌ി	ദ	ൽ	ഷ	ത	◌ാ	പ
ക	ജ	ത	എ	ല	പ	◌ം	ള	ൾ	ട	ഡ	ഉ	യ	ഉ	യ	ര
ക	ഷ	◌ാ	അ	ട	ഉ	ത	വ	ജ	◌ു	ല	ആ	ബ	ക	ന	ത
ഥ	ഉ	വ	ല	ല	സ	◌്	ഫ	ൻ	ത	അ	ഖ	ല	ഡ	ക	◌്
ജ	ഗ	◌്	ൾ	ട	ന	പ	വ	ബ	◌്	ന	ര	ബ	യ	◌്	◌ി
ൽ	ര	ച	യ	◌ി	ത	◌ാ	വ	◌്	ത	പ	◌േ	ജ	◌്	ക	ര
എ	ഴ	◌ു	ത	◌ി	യ	◌ാ	ഡ	ര	◌ം	ഖ	◌േ	ശ	അ	◌ാ	ച
വ	ൾ	ന	ങ	ഹ	ന	ഥ	ഖ	ഷ	ല	ഴ	ഡ	സ	ട	ര	വ
ൾ	ള	ട	ഴ	വ	ദ	ക	എ	ഫ	ല	◌ി	ത	◌ം	ഉ	ൻ	ൽ

സാഹസികത
രചയിതാവ്
കഥാപാത്രം
ശേഖരം
സന്ദർഭ
ഇതിഹാസം
ചരിത്രപരം
ഫലിതം
കണ്ടുപിടുത്തം
സാഹിത്യ
ആഖ്യാതാവ്
നോവൽ
പേജ്
കവിത
വായനക്കാരൻ
സീരീസ്
കഥ
ദുരന്തം
എഴുതിയ

6 - Meditation

ങ	ബ	ഷ	ല	ച	പ	ത	ജ	ട	ഡ	ഫ	ൾ	ആ	ഫ	ക	ണ
ഉ	ശ	യ	ഴ	◌ി	◌്	ഉ	ഴ	ഡ	ബ	ക	ൽ	ന	ണ	◌ാ	ള
ന	ൾ	ത	ണ	ന	ര	യ	സ	അ	അ	യ	സ	ഡ	ല	ഴ	ന
ക	പ	ള	ൾ	◌്	സ	പ	ശ	ച	ട	ന	◌്	വ	ഗ	◌്	ഗ
ശ	മ	ത	പ	ത	◌്	വ	ദ	ഫ	ല	അ	◌്	ഡ	ശ	ച	ൾ
ആ	◌്	യ	ദ	ക	ഥ	◌്	ൽ	ദ	ഉ	ദ	സ	വ	◌ീ	പ	ഫ
വ	ക	ര	ഡ	ൾ	◌ാ	യ	ശ	◌്	വ	സ	ന	◌ം	ല	◌്	ഉ
◌ി	◌ു	◌്	ദ	യ	ന	ക	സ	◌ി	ന	◌ാ	മ	ശ	ങ	പ	ണ
ക	ന	ക	◌ി	◌്	◌ം	◌്	ച	ള	ഴ	യ	ങ	◌ാ	◌്	◌ാ	ര
◌ാ	അ	◌ാ	◌്	ആ	ധ	ത	ഖ	സ	ത	സ	ബ	ന	ങ	ട	◌ു
ര	ബ	വ	ന	ആ	ണ	ത	ഫ	ഡ	◌ം	ഫ	ണ	◌്	ൾ	◌്	ക
ങ	ക	◌ീ	ന	വ	ഉ	ങ	അ	ൻ	ഗ	ക	എ	ത	ണ	ഖ	ള
◌്	ഹ	◌്	ഗ	ശ	ബ	ങ	ൾ	ണ	◌ീ	ഉ	ത	◌ം	പ	ഷ	ക
ങ	ഫ	സ	സ	മ	◌ാ	ധ	◌ാ	ന	◌ം	ൾ	ര	ങ	ൾ	ങ	ഴ
ൾ	പ	◌്	ര	ക	◌ൃ	ത	◌ി	ണ	സ	ള	ഹ	ങ	അ	ജ	ല
ഷ	ഷ	ഡ	ഹ	ൾ	ന	◌ി	ശ	◌്	ശ	ബ	◌്	ദ	◌ം	ഷ	ര

സ്വീകാര്യത
ശ്രദ്ധ
ഉണരുക
ശ്വസനം
ശാന്തം
വ്യക്തത
അനുകമ്പ
വികാരങ്ങൾ
നന്ദി
ശീലങ്ങൾ

ദയ
മാനസിക
മനസ്സ്
പ്രസ്ഥാനം
സംഗീതം
പ്രകൃതി
സമാധാനം
കാഴ്ചപ്പാട്
നിശ്ശബ്ദം
ചിന്തകൾ

7 - Days and Months

ഫ	ഹ	വ	വ	ല	ജ	സ	ര	സ	ന	ന	പ	◌ം	ഷ	ർ	വ
െ◌	ർ	ണ	ൊ◌	െ◌	ഡ	ന	വ	എ	ൾ	വ	മ	ന	ൾ	ജ	◌്
ബ	ഹ	ട	ള	◌ൂ	ഡ	ച	ഗ	ഫ	ഖ	◌ം	◌ാ	ഓ	ഖ	ച	യ
◌്	ൽ	ഫ	◌്	ജ	ന	◌ു	വ	ര	◌ി	ബ	ർ	ഗ	ഫ	ണ	◌ാ
ര	ബ	എ	ള	ണ	ള	ഡ	യ	ൾ	ത	ർ	ച	സ	ഏ	ജ	ഴ
◌ു	ങ	ഹ	◌ി	ൽ	ല	ശ	ഗ	ട	ണ	ൾ	◌്	◌്	പ	ഹ	◌ാ
വ	ഖ	ഹ	യ	ബ	ശ	ക	വ	അ	ശ	വ	ച	റ	◌്	ച	ഴ
ര	സ	◌ം	◌ാ	മ	വ	ത	സ	ഖ	ഷ	ൽ	◌്	◌്	ര	◌്ര	◌്
◌ി	ഫ	ട	ഴ	ഞ	◌ാ	യ	റ	◌ാ	ഴ	◌്	ച	റ	◌ി	വ	ച
ന	ൽ	ര	◌്	ബ	ത	◌ം	പ	◌്	െ◌	സ	അ	◌്	ൽ	◌്	◌്
ഉ	ല	ച	ച	ഴ	◌്	യ	◌ാ	◌ി	ന	ശ	പ	ര	എ	വ	ഴ
ര	പ	യ	ത	◌ി	ങ	◌്	ക	ള	◌ാ	ഴ	◌്	ച	ല	◌ാ	ആ
ൻ	ക	ണ	ൾ	ആ	ഒ	ക	◌്	ട	ഃ◌	്രബ	ർ	ള	ണ	ഴ	സ
ജ	ശ	ണ	ഉ	ഷ	ന	സ	എ	ഹ	ണ	ഗ	ണ	ഖ	ത	◌്	ഴ
ബ	◌ു	ധ	ന	◌ാ	ഴ	◌്	ച	ഴ	ൻ	ദ	യ	ഡ	ല	ച	ട
ര	അ	വ	ഹ	വ	ഴ	ൾ	ഉ	എ	എ	ഹ	ഗ	ങ	ഗ	പ	പ

ഏപ്രിൽ
ഓഗസ്റ്റ്
കലണ്ടർ
ഫെബ്രുവരി
വെള്ളിയാഴ്ച
ജനുവരി
ജൂലൈ
മാർച്ച്
തിങ്കളാഴ്ച
മാസം
നവംബർ
ഒക്ടോബർ
ശനിയാഴ്ച
സെപ്റ്റംബർ
ഞായറാഴ്ച
വ്യാഴാഴ്ച
ചൊവ്വാഴ്ച
ബുധനാഴ്ച
ആഴ്ച
വർഷം

8 - Energy

ഉ ങ യ ച ത ഡ ണ മ പ ച ഡ ൽ ട ആ ള ആ
ഹ ൻ ഡ ൻ ◌ൂ ട വഃ ◌(◌ു ക ◌ാ റ ◌് റ ◌് എ
എാ ◌െ ക ച ള ട ൻ ട ന വാ ◌െ ദ ◌് യ ◌ു ത
ൻ ബ ഡ ◌ി ണ ജ ◌് ◌് ര ബ ല ശ ച ◌ം ഉ ◌ി
ട ർ പ ◌് ◌ം ൻ ര ട ◌ു ആ ക ദ എ സ ച ഥ
◌് ട ആ ത ര ആ ലഃ ◌(പ ബ ◌ാ ജ ൽ ◌ാ ന ◌ി
ര ബ ശ എ ക ജ ണ ർ യ ബ ർ ദ ൻ വ ഡ സ
ഃ◌(◌ാ ഴ ഹ ന ഗ ന വഃ ◌(ങ ബ ത ഷ യ ൻ ◌്
പ റ ഴ ല ◌ീ ത ◌ം ◌് ഗ ഖ ൺ വ യ ◌് അ ◌ി
◌് ◌് ൽ ശ ◌ി ആ ധ ഫ ഷ ട ഫ പ വ പ ര
പ റ ത പ ല ൾ ◌് ത ട ശഃ ◌(ര ഊ ഫ ത പ
◌ി റ ബ ജ മ ല ന ൺ രഃ ◌(ട ◌് ◌് ക ല ഇ
എ ◌ി യ ട ൽ ആ ഇ ൾ ണ ൽ ◌് ൽ ൽ വ സ ന
ഗ ◌് യ ◌ാ സഃ ◌(ല ◌ി ൻ ഷഃ ◌(പ എ ഉ ള ഖ
ബ ഡ അ ഷ ◌ീ യ ന ൻ ക ഷ ഫ അ അ ദ ഷ ള
ഫ ജ ഷ ത ഡ ൾ ഹ ശ ഹ ൽ ൽ ജ ഴ ത ൻ എ

ബാറ്ററി
കാർബൺ
ഡീസൽ
വൈദ്യുത
ഇലക്ട്രോൺ
എഞ്ചിൻ
എൻട്രോപ്പി
പരിസ്ഥിതി
ഇന്ധനം
ഗ്യാസോലിൻ
ചൂട്
ഹൈഡ്രജൻ
വ്യവസായം
മോട്ടോർ
ആണവ
ഫോട്ടോൺ
മലിനീകരണം
പുനരുപയോഗ
ടർബൈൻ
കാറ്റ്

9 - Archeology

അ ഇ ആ ർ എ ര അ ആ ങ വ ഴ ല ച സ ദ ഗ
പ സ ങ ണ ൻ ◌ം ജ ത ക ര ◌ി ഗ ◌ാ ന ൾ വ
◌ു ഫ ◌് ഫ ആ ട ◌് ഉ എ ബ വ ദ യ ന ര ◌േ
ര ങ അ ഥ ൾ ◌ീ ഞ അ ര ന ◌ി ഹ ഗ ◌ു ല ഷ
◌ാ ആ ൾ ഴ ◌ി ◌ു ◌ാ വ ശ സ ല എ ഡ ◌് ദ ക
ത ള ഖ സ ത ക ത ശ ജ ക യ പ ന ന ധ ൻ
ന എ ര വ ങ വ ൾ ◌ി ഷ ഴ ◌ി ◌ി ഷ റ ക സ
ക ദ ങ ഹ ആ ശ സ ഷ ന ദ ര ൻ ൽ മ ◌് എ
◌ാ ൾ ക ക ◌് ത ◌ു ◌് സ വ ◌ു ഗ ജ ശ ഷ ഉ
ല ര ച ജ ഢ ര ജ ട ണ ക ത ◌ാ ന ഫ ◌േ ജ
◌ം സ ഫ ആ ഉ ത ഹ ◌ം ബ ഴ ◌് മ പ ജ ത വ
ൾ ട ഫഃ ◌്ര സ ◌ി ൽ സ യ ത ത ◌ി ◌ു ട ◌് ഹ
ട ◌ീ ഴ ട ല സ ശ ദ ◌് ങ ൽ സ ര ഹ ര വ
ന ◌ം ല ക ശ ◌ി വ യ ദ യ ബ ൻ ◌ാ ഖ ◌ം ഹ
ൽ ഫ ണ ശ ത ൻ എ പ ത ങ ◌ം ഗ ത ട ണ ഗ
ക ണ ◌് ട ◌െ ത ◌് ത ല ◌ു ക ൾ ന അ ത എ

വിശകലനം
പുരാതന
പുരാതനകാലം
അസ്ഥികൾ
നാഗരികത
പിൻഗാമി
ഇ.ആർ.എ.
വിലയിരുത്തൽ
വിദഗ്ധ
കണ്ടെത്തലുകൾ
മറന്നു
ഫോസിൽ
രഹസ്യം
വസ്തുക്കൾ
അവശിഷ്ടം
ഗവേഷകൻ
ടീം
ക്ഷേത്രം
ശവകുടീരം
അജ്ഞാത

10 - Food #2

ആ യ ട ജ വ ക ച ത അ യ മ ◌ൌ ദ ക ◌ം ആ

ര പ ട ഢ ണ വ ◌ൌ ക ഹ ഷ പ വ ബ ഖ ര ർ

വ അ ◌് ള ബ ഴ ക ◌് ച ഫ ഴ ◌ാ ◌് ആ ച ട

ങ ഴ ◌ു പ ൾ ല ◌് ക ക ◌ൂ ൺ ഴ ര ഗ ദ ◌്

ഗ ര മ ദ ◌ി ത ല ◌ാ ജ ബ ശ പ ◌ൊ ഗ ണ ട

ബ പ ഹ ജ സ ൾ ◌േ ള ആ ശ ന ◌് ക ഹ പ ◌ി

ച സ അ ഷ ഹ വ റ ◌ി ◌െ ച ൻ പ ◌് ണ ങ ക

ച ബ ര ൻ ൽ ഴ ◌് യ ഷ ൾ ഷ ഴ ക ച ങ ◌േ

വ ◌ി ◌ി ക ച ◌ു റ ത ◌ൊ ര ◌് ◌ം ◌ൌ ങ ഷ ◌ാ

ദ ള ക ച ദ ത ◌് ദ ജ യ ച ആ ള ൾ ച ക

ഢ ഗ എ ◌് ച ന ശ ഫ ക ◌ം ◌ാ ഹ ◌ി ജ ശ ◌്

ട ഗ പ പ ക ല ഢ ള ള സ ◌് ◌ീ ച ച ത ക

ഴ ള ഗ ഹ ദ ൻ മ ◌ു ന ◌് ത ◌ി ര ◌ി ശ ◌്

ല ൻ ഖ യ യ ൾ പ ക ഢ ◌് ഗ സ ൾ ര വ പ

ഉ ൻ ല വ ഉ ദ ള ശ ഢ ത ഹ ആ ൻ ഹ ഉ ണ

ട ട ബ ല ൻ ഷ ഗ ◌ൌ ത മ ◌് പ ◌് ബ ബ വ

ആപ്പിൾ
ആർട്ടിചോക്ക്
വാഴപ്പഴം
ബ്രോക്കോളി
അയമോദകം
ചീസ്
ചെറി
ചിക്കൻ
ചോക്ലേറ്റ്
മുട്ട
വഴുതന
മത്സ്യം
മുന്തിരി
ഹാം
കിവി
കൂൺ
അരി
തക്കാളി
ഗോതമ്പ്
തൈര്

11 - Chemistry

ഹ ത ഴ ഫ ഹ ദ ഫ അ ദ ൾ ൾ ഓ എ ല ക ഷ

ഈ ◌െ ന ജ ജ ൻ ൾ ത ള ള വ ർ ൻ ള ◌് യ

ല റ ഡ ◌് ◌ി സ ആ ത ഷ ള ൽ ഗ സ ര ഷ ട

ക ◌് യ ◌് മ ഡ ഡ ശ ൽ ട യ ◌ാ ◌െ എ ◌ാ ഡ

◌് റ ഗ ട ര ◌ാ ത അ യ ◌ഃ ൺ ന ◌ം ൽ ര അ

ട ◌് ◌ൂ ച ◌ം ജ ത ജ ഗ ത ശ ◌ി ച ക പ ജ

◌് സ എ ട ◌ാ ത ന ◌് ങ സ ക ക ന യ ആ ഴ

ര ◌് വ ഴ ഭ ച ദ ◌് ര ഗ ◌് ◌് ഷ ഷ ര ഉ

◌ഃ ല ദ ◌് ര ◌ാ വ ക ക ല യ ത ൾ ക പ

ൺ ◌ി ഫ ണ ഗ ജ ത ജ ഹ ഫ ◌ഃ ആ ◌ാ ജ ൾ ◌്

ണ റ ◌ം ◌് റ ആ ◌ാ ആ ട ഫ റ ണ ഗ ◌് യ പ

ൻ റ ബ ൻ ൻ ഖ പ ൻ ജ സ ◌ി ◌് ക ഓ ഗ ◌്

ന ◌് ൽ ൽ വ ള ന ണ ജ വ ൻ ന ൽ ഖ എ അ

ഴ ◌ാ സ ൽ ഴ ബ ◌ി ങ ൻ ൾ ഷ ര ഹ ഴ ജ ഖ

ഉ ക ആ ണ വ എ ല യ ഡ ൾ യ ആ ഡ ള ര ൽ

ര ഡ ശ ൽ സ ൾ ര ഫ ഡ ഴ ഴ ക ◌ാ ർ ബ ൺ

ആസിഡ്
ക്ഷാര
ആറ്റം
കാർബൺ
കാറ്റലിസ്റ്റ്
ക്ലോറിൻ
ഇലക്ട്രോൺ
എൻസൈം
ഗ്യാസ്
ചൂട്
ഹൈഡ്രജൻ
അയോൺ
ദ്രാവക
തന്മാത്ര
ആണവ
ഓർഗാനിക്
ഓക്സിജൻ
ഉപ്പ്
താപനില
ഭാരം

12 - Music

ക ൻ ആ ൽ ബ ◌ം ആ ഴ ന ൻ യ ന ത ബ മ സ
◌് ല ൻ സ ര ങ ട ക ഉ ഡ ഫ ച ◌െ ഹാ ◌െ ക
ല പ ക ◌ം മ ത ◌് യ ◌ാ വ ◌് ◌ാ ക ങ ക ഉ
◌ാ ൾ ട ഗ ഡ ◌ി ല ◌െ മ യ ൻ ജ ◌ാ സ ◌് ഹ
സ ന ◌ു ◌ീ ഓ പ ◌് പ റ ◌ാ ഗ സാ ◌െ ദ ര ◌ാ
◌ി ത ◌ാ ത ഗ ◌ീ ◌ം സ ജ അ യ ര വ ട ഃ ◌്ര ർ
ക പ പ ജ ഉ പ ക ര ണ സ ൽ ◌ീ ണ ര ഫ മ
◌് ങ വ ◌് ജ വ ര ഡ ഇ പ ന ഖ ണ ട ഃ ◌േ ◌ാ
ക ജ ദ ഞ ൻ ശ ങ ഹ ള ◌ം ◌ാ ത ഖ മ ൗ ൻ ണ
ൽ യ ങ ൻ ഹ ◌ാ ർ മ ണ ◌ി പ വ ന ത ര ◌ി
ള ശ ബ ◌് ദ ◌ം ജ ദ അ ക ഗ ◌് ശ സ ഫ ക
ഗ ◌ാ യ ക ൻ ബ ഗ ശ ഴ ൻ ഃ ◌്ര ല ര ഖ ന ◌്
ഴ എ ഗ ൻ ഉ ഖ ആ ഷ ച ച ൽ റ ള ◌ൂ ഗ ര
റ ◌െ ക ◌് ക ഃ ◌്ര ർ ഡ ◌ി ◌ം ഗ ◌് സ ൻ വ ഖ
ണ ദ ശ ൻ ച ന ട ഫ ണ ക ത ബ ന ◌് പ ◌്
ല യ ൻ ഫ സ ള ആ ന ഷ അ ഡ ഖ ല ഫ ണ ങ

ആൽബം
കോറസ്
ക്ലാസിക്കൽ
ഹാർമോണിക്
ഹാർമണി
ഇംപ്രൂവ്
ഉപകരണ
രമണീയമായ
മെലഡി
മൈക്രോഫോൺ
സംഗീത
സംഗീതജ്ഞൻ
ഓപ്പറ
കാവ്യാത്മകം
റെക്കോർഡിംഗ്
താളം
പാടുക
ഗായകൻ
വൈകാതെ
ശബ്ദം

13 - Family

ത പ പ ദ ക ബ മ യ ദ ര പ ൾ ര ന പ മ
ച ൾ ആ ഹ ഢ ൽ ാ ക ഉ ണ ഹ ൻ ൻ ത േ ു
ണ എ ഴ അ വ ങ ത ട വ എ ഹ ക ി ക ര ത
മ ര ു മ ക ൾ ൃ ഫ വ ൽ ഗ മ സ ആ ക ്
പ ല ം ക ാ ക ് ട ി ട ് ു ക സ ് ത
ത അ വ ക ു ട ് ട ി പ ന ര ജ ൾ ക ച
മ ക ് ക ൾ ര ണ അ ക വ ൻ മ ആ ബ ു ്
ഗ സ ത അ ക ൊ ച ് ച ു മ ക ൻ ണ ട ഛ
ങ ബ ാ മ സ ഹ ോ ദ ര ി ഉ ശ ബ ട ് ന
ൽ ശ ് ് ് യ ബ ഉ ഢ ഖ ഗ സ ട ഷ ട ്
ക ക ത മ അ മ ് മ ാ യ ി ഹ ഹ ആ ി
വ ഹ ർ ാ സ ണ അ പ ന ൾ ഉ േ ത ഴ ൾ ഴ
ബ യ ഭ വ ് ത ാ ി പ ഴ ണ ാ ഉ ള ണ ച
ൾ ഢ അ ൻ ഹ മ ത ാ ി പ യ ദ ച ക ന അ
ജ ശ ള യ ദ ഉ ഖ ഖ ത ങ യ ര ് ാ ഭ ശ
ഗ ത ത ക ഗ ൻ ട ബ ച ശ ച ൻ ഗ ദ ശ ന

പിതാമഹൻ
അമ്മായി
സഹോദരൻ
കുട്ടി
കുട്ടിക്കാലം
മക്കൾ
കസിൻ
മകൾ
പേരക്കുട്ടി
മുത്തച്ഛൻ
കൊച്ചുമകൻ
ഭർത്താവ്
മാതൃ
അമ്മ
മരുമകൻ
മരുമകൾ
പിതാവ്
സഹോദരി
അമ്മാവൻ
ഭാര്യ

14 - Farm #1

ക ക ◌് ◌ാ ക ന ◌ാ യ സ യ ന ള പ ഖ ൾ എ
◌ാ ◌ാ ണ ദ ബ ക ഗ ഗ ഖ ത ◌േ ൻ ച ഗ ള ബ
ള ട ൻ ര ◌ീ ഴ ത ഫ ൾ ഴ ശ ൾ ച ഗ ◌ം ദ
ക ◌് ഉ സ ണ ത ഷ ബ ക ബ ആ ട ◌് വ ള ◌ം
◌് ട ക ഗ ര ഷ ട ച ത ◌ു പ ന ◌ൂ ൾ ◌് ബ
ക ◌ു സ ഗ അ ഫ സ ക ◌ു ൻ ത ശ പ ഷ ◌െ അ
◌ു പ ബ ഹ ല ◌ീ ൾ ത ത ശ ണ ◌ി ◌ു ഹ വ ല
ട ഃ ◌ൗ ട ജ ബ ൽ ത അ ◌് ഖ ൻ ര ര ഹ ഹ ◌ി
◌് ത ഖ ആ ക ഡ ര ഷ ◌ി ◌ൃ ക അ ങ യ ഷ ◌േ
ട ◌് ട ദ ഴ ◌് എ ഡ വ ശ ക ള വ ട ഴ വ
◌ി ത സ ദ ◌ു ജ ൻ ഡ അ ര ◌് ൻ വ അ ന അ
ൻ ◌് പ ഹ ത സ ഉ ട ട ത ◌ി ൾ ന ഉ ട സ
ആ ല ൽ ഫ എ ച എ സ ങ ല ച ണ ങ ഴ ര എ
ഹ ണ ൻ ഫ ര ഡ ൽ ഉ ര ട ആ യ ജ ബ ങ ന
പ വ ഡ ണ ജ ൽ ല ഗ ശ ശ ഫ ദ ള ണ ള ദ
ഉ ഫ ബ ൽ ന ഖ ഉ ൽ ബ അ ദ ക ഴ ൾ ഗ അ

കൃഷി
ബീ
കാട്ടുപോത്ത്
കാളക്കുട്ടി
പൂച്ച
ചിക്കൻ
പശു
കാക്ക
നായ
കഴുത

വേലി
വളം
ഫീൽഡ്
ആട്
ഹേ
തേൻ
കുതിര
അരി
വിത്തുകൾ
വെള്ളം

15 - Camping

ൽ	ത	ച	ര	ണ	ആ	ൽ	ൻ	ഡ	ച	ള	ത	ന	ൻ	ശ	ൽ
ൻ	ന	പ	ന	ണ	യ	◌ീ	വ	അ	സ	യ	ഏ	സ	ഡ	ച	ട
സ	◌ാ	ഹ	സ	◌ി	ക	ത	ല	ന	ട	മ	ഡ	ര	ഡ	ൽ	ജ
ഴ	ൽ	ഖ	ണ	ര	ണ	ൻ	പ	ങ	◌ം	◌ൃ	ൽ	ത	യ	ട	ൽ
ല	പ	ള	ൽ	◌ാ	ണ	ര	ൻ	ഉ	പ	ഗ	ര	ട	ഫ	ജ	ആ
ഉ	ഗ	ഫ	ക	◌്	പ	ദ	ന	അ	◌ൂ	ങ	ൽ	◌ാ	ക	ൾ	ആ
ത	◌ൊ	പ	◌്	പ	◌ി	◌്	ഷ	ബ	ഭ	◌്	ഫ	ക	ൾ	ന	ല
പ	യ	സ	ക	ന	ത	◌്	ര	ഷ	ൾ	ങ	ര	◌ം	ഡ	ശ	◌ോ
അ	ള	ണ	◌്	ഴ	ദ	ന	◌ം	ക	ഡ	ൾ	ങ	◌്	ങ	ര	മ
ഫ	ള	ണ	ഹ	ൻ	ത	ച	ട	ത	◌ൃ	ജ	ഗ	ഡ	ത	ര	ന
ബ	ഏ	ക	◌ോ	ള	ച	ബ	◌ാ	ട	ള	ത	ഡ	ശ	ഴ	ഴ	യ
ഖ	ഷ	അ	◌ം	ഡ	ഉ	ര	◌ൂ	ങ	ൻ	ബ	◌ി	◌ാ	ക	ഴ	ര
ത	പ	ഷ	◌ാ	ഡ	ൾ	ഗ	ക	അ	ച	പ	ൾ	പ	ഫ	സ	സ
ള	അ	ന	ഹ	ഗ	ത	ൽ	ന	◌ാ	യ	◌ാ	ട	◌്	ട	◌്	ക
ഉ	പ	ക	ര	ണ	ങ	◌്	ങ	ൾ	ദ	ഡ	മ	ക	യ	ർ	ര
പ	ബ	ഹ	അ	ഖ	ശ	ഉ	ഫ	ൽ	ശ	വ	ല	ട	യ	സ	◌ം

സാഹസികത
മൃഗങ്ങൾ
കാബിൻ
കനോ
ഉപകരണങ്ങൾ
തീ
വനം
രസകരം
ഹാംഹോക്ക്
തൊപ്പി

നായാട്ട്
പ്രാണി
തടാകം
ഭൂപടം
ചന്ദ്രൻ
മല
പ്രകൃതി
കയർ
കൂടാരം
മരങ്ങൾ

16 - Algebra

ക ൾ ള ക ദ ശ ച ഋ ന ഷ ന ൾ ഗ ഖ ര പ
യ ◌ു ശ ശ പ സ ങ ഖ ഗ ൻ ഹ ബ ഗ ഖ േ◌ ◌ാ
ര ള റ പ ര ◌ി ഹ ◌ാ ര ◌ം ള ഫ ക പ ഖ ര
ൾ ഹ വ യ റ ◌ാ റ ◌് െ◌ ത ഋ ൻ എ ൻ ◌ാ ന
ക യ ◌ം ജ ◌് ◌ൂ പ ഗ ഖ ഋ അ ൽ ത വ ച ◌്
ഫ ശ ട ഋ ഖ ക ഡ ◌് ണ ശ ങ ള ഖ ർ ◌ി റ
ൈ◌ ◌്ര ര േ◌ ഖ ◌ീ യ ◌് ൾ ര അ എ യ വ പ ത സ
ർ ഡ ◌ി വ ◌ി ഷ ൻ ക ൽ ശ ഫ ജ ന ◌് ◌് ◌ി
മ ഉ പ ൻ ഘ ബ ഋ ര ൽ ന ◌് ദ ശ മ ര സ
◌ു ക ശ ൾ ട ങ ദ ത സ സ ര ന ക ന ◌ം ◌്
ല ട ജ ഋ ക അ ണ ശ ള എ ◌ാ ൻ ◌ം ഷ അ ക
ഫ ദ ച ത ◌ം ബ യ മ ◌ാ ത ◌് ന ന അ എ ങ
മ ◌ാ ട ◌് ര ◌ി ക ◌് സ ◌് ഗ ഡ ഗ സ ല ൾ
ട ങ ജ അ എ ക ◌് സ ◌് പ ൈ◌ ണ ന ◌് റ ◌്
സ മ വ ◌ാ ക ◌് യ ◌ം അ ◌ം ശ ◌ം ൻ ബ സ ഷ
വ േ◌ ര ◌ി യ ബ ◌ി ൾ ങ ര ര ൻ ശ ൽ ന ള

രേഖാചിത്രം
ഡിവിഷൻ
സമവാക്യം
എക്സ്പോണന്റ്
ഘടകം
തെറ്റായ
ഫോർമുല
അംശം
ഗ്രാഫ്
അനന്തമായ
രേഖീയ
മാട്രിക്സ്
നമ്പർ
പാരന്റസിസ്
പ്രശ്നം
അളവ്
പരിഹാരം
കുറയ്ക്കൽ
വേരിയബിൾ
പൂജ്യം

17 - Numbers

ൾ	ഉ	ട	ണ	ങ	ഗ	പ	ത	◌്	ത	◌ൊ	മ	◌്	പ	ത	◌്
ണ	യ	ദ	ആ	ഗ	പ	ദ	ബ	ഹ	റ	ശ	ഫ	ശ	ങ	ണ	ൾ
ദ	ൾ	ദ	ഹ	ണ	എ	ബ	ദ	ൾ	ൽ	ആ	ങ	ട	ര	ര	ഹ
ദ	ശ	◌ാ	◌ം	ശ	ട	◌്	ണ	◌്	ര	ത	◌്	◌്	ന	പ	വ
ഗ	ജ	ൻ	ഡ	ക	◌്	ന	◌ാ	ല	◌്	ന	ല	ഗ	ത	ച	ഏ
ബ	ജ	ൻ	ശ	ഫ	ട	ൾ	ഉ	എ	ഇ	ര	◌ു	പ	ത	◌്	ഴ
ണ	ള	അ	ര	ര	◌്	പ	ത	ഷ	ണ	ദ	അ	ര	എ	ഞ	◌്
പ	ത	◌ി	ന	◌ാ	ല	◌്	ത	ഴ	ന	ശ	ഞ	ണ	ഡ	◌്	ൻ
ൾ	ജ	ള	വ	വ	ല	ഖ	◌്	◌ി	◌്	ഡ	◌്	◌്	പ	ന	സ
പ	ത	◌ി	ന	◌ാ	റ	◌്	പ	ന	ന	ക	ച	ട	ത	◌ി	ല
ഉ	ശ	ൾ	ന	ഹ	ത	ന	◌്	മ	◌്	◌െ	◌്	◌്	◌്	ത	ഷ
ന	ബ	എ	ര	ക	ദ	ല	മ	◌ൂ	മ	ആ	ട	ള	ത	പ	ല
ബ	അ	ൾ	ബ	ക	ൾ	ച	ഒ	ന	◌ൂ	ജ	ന	◌്	◌്	ന	ഒ
ല	വ	പ	ന	ദ	ഖ	ആ	ള	◌്	◌ി	ള	ബ	ൽ	ട	ല	ര
പ	ത	◌ി	ന	◌േ	ഴ	◌്	ആ	ന	ത	ന	ര	എ	ര	◌്	ഡ
ഫ	ണ	ച	പ	ഴ	ര	ഴ	ഹ	◌്	പ	ഗ	ഴ	ര	ന	ൻ	ൽ

ദശാംശ
എട്ട്
പതിനെട്ട്
പതിനഞ്ച്
അഞ്ച്
നാല്
പതിനാല്
ഒമ്പത്
പത്തൊമ്പത്
ഒന്ന്

ഏഴ്
പതിനേഴ്
ആറ്
പതിനാറ്
പത്ത്
പതിമൂന്ന്
മൂന്ന്
പന്ത്രണ്ട്
ഇരുപത്
രണ്ട്

18 - Spices

മ	◌ം	ക	◌ു	ങ	◌്	◌ു	ക	◌ം	ര	◌ീ	ജ	ജ	സ	ൽ	ൾ
സ	ധ	ബ	വ	ൾ	ട	ട	◌്	പ	പ	◌്	വ	◌ാ	◌ു	റ	ക
ഇ	വ	◌ു	ല	ഉ	പ	പ	◌്	ര	◌ി	ക	◌െ	ത	ല	ട	സ
ബ	ഞ	ണ	ര	വ	ര	സ	ഗ	ഖ	ട	◌ം	ള	◌ി	ഹ	ള	ൾ
ക	ങ	◌്	ഡ	◌ം	ഡ	ജ	ച	ഡ	ആ	ര	◌ു	ക	ര	ഹ	ല
ണ	ഷ	ഴ	ച	ല	അ	ല	ണ	ഗ	ത	ജ	ത	◌്	ഉ	എ	ൾ
ഉ	ങ	ണ	ഹ	◌ി	അ	യ	ണ	ഖ	ഡ	◌ീ	◌്	ക	പ	ഡ	ത
ക	ള	ശ	പ	◌്	ര	വ	ഴ	ഫ	ങ	ര	ത	ഖ	◌്	ദ	ഷ
റ	ട	◌്	ഉ	ല	ട	ര	പ	ഉ	ത	◌ു	◌ു	ബ	പ	അ	അ
◌ി	സ	ഷ	ള	മ	ആ	പ	ഫ	ഫ	ൻ	◌ം	ള	ഖ	◌്	ബ	ഡ
ഴ	ന	ല	ഷ	◌ി	പ	ണ	ച	ആ	ഴ	◌െ	◌്	ഷ	ബ	ഉ	ഫ
ക	വ	◌ാ	ന	◌ി	ല	അ	ന	ഉ	ഡ	പ	ള	അ	ഖ	ഖ	ഉ
ഖ	ഖ	ഏ	ആ	ബ	◌ി	റ	◌്	റ	ർ	ഫ	◌ി	ന	പ	ദ	ല
ഷ	ഡ	ല	ദ	ഡ	ള	ര	അ	ന	◌ീ	സ	◌്	ല	വ	എ	പ
ത	ഖ	◌ം	സ	ഉ	സ	സ	ങ	ആ	പ	ള	ത	ൽ	യ	സ	ണ
ജ	അ	ങ	ബ	ൽ	എ	◌ം	ഗ	◌്	ര	◌ാ	മ	◌്	പ	◌ൂ	ൾ

അനീസ്
ബിറ്റർ
ഏലം
കറുവാപ്പട്ട
ഗ്രാമ്പൂ
മല്ലി
ജീരകം
കറി
പെരുംജീരകം
ഉലുവ
രസം
വെളുത്തുള്ളി
ഇഞ്ചി
ജാതിക്ക
ഉള്ളി
പപ്രിക
കുങ്കുമം
ഉപ്പ്
മധുരം
വാനില

19 - Universe

ഭ	്	ര	മ	ണ	പ	ഥ	ം	ക	ആ	ന	ഗ	എ	ദ	അ	ൾ
ഹ	ര	ാ	ശ	ി	ച	ക	്	ര	ം	ത	ന	ണ	ശ	ന	ഗ
ല	െ	സ	ദ	വ	ള	സ	ണ	ആ	എ	ദ	പ	സ	ഉ	്	ഇ
യ	ആ	മ	ണ	പ	ആ	ച	ഫ	ഷ	ഖ	ഫ	ൾ	പ	ൾ	ത	ര
ല	ണ	ജ	ി	ശ	ള	ക	്	മ	ി	സ	്	്ര	ക	ര	ു
ർ	സ	ക	ക	സ	ൽ	ട	ാ	ഫ	ഷ	ഗ	ഛ	ന	അ	ീ	ട
ള	ം	വ	ാ	ര	്	ക	ച	ശ	ദ	ാ	ി	ര	ക	ക	്
ാ	ന	പ	പ	യ	ള	ഫ	എ	ആ	ം	ല	ന	േ	്	്	ട
്ര	ഖ	ച	ച	ട	വ	ൽ	ി	ഗ	ച	ക	്	ഖ	ഷ	ഷ	്
സ	ദ	ള	ആ	ഉ	ള	ബ	ൾ	യ	ല	്	ന	ാ	ാ	ം	ച
ങ	ഇ	ന	ക	എ	വ	ണ	ഡ	യ	ർ	സ	ഗ	ം	ം	ഗ	ന
ള	യ	മ	ാ	യ	ശ	്	ൃ	ദ	ണ	ി	്	ശ	ശ	ന	്
ൽ	്ര	ദ	ൂ	ര	ദ	ർ	ശ	ി	ന	ി	ര	ം	ം	ഷ	ദ
ഹ	ൺ	ഗ	സ	ം	ക	്	ര	മ	ണ	ം	ഹ	ഉ	ള	ക	്
ൽ	ങ	ശ	ഖ	ഴ	ഖ	ച	ഡ	ഴ	ജ	വ	ം	ഹ	ഹ	ഗ	ര
ഭ	ൂ	മ	ദ	്	ധ	്	യ	ര	േ	ഖ	ഉ	ത	ഹ	ള	ൻ

ഛിന്നഗ്രഹം
അന്തരീക്ഷം
ഖഗോള
കോസ്മിക്
ഇരുട്ട്
ഇയോൺ
ഭൂമദ്ധ്യരേഖ
ഗാലക്സി
ഹെമിസ്ഫിയർ
ചക്രവാളം
അക്ഷാംശം
രേഖാംശം
ചന്ദ്രൻ
ഭ്രമണപഥം
ആകാശം
സോളാർ
സംക്രമണം
ദൂരദർശിനി
ദൃശ്യമായ
രാശിചക്രം

20 - Mammals

ഗ ഫ ത ള ഫ പ ബ പ ൻ ങ ൽ ക ച ആ ത ഡ
ഹ ◌ൊ ജ ◌ി റ ◌ാ ഫ ◌് ◌ൂ ശ ഷ ഫ ◌െ ള ജ ഴ
ച ഷ റ അ സ ണ ഗ അ ഗ ച അ വ ന ഹ ട സ
ഹ ◌ം ◌ം ◌ി സ ണ ക സ പ സ ◌് ക ◌് ◌ോ ഫ ഖ
ഫ ഗ ഗ ട ല ള ങ ഖ ന ച ട ച ന വ ൾ വ
ക ല ൾ ര ◌ം ◌് ജ സ ഴ യ ആ ന ◌ാ ദ ഹ ഹ
ഉ ഡ ഫ ക ഗ ഉ ല ൾ ള ബ ആ ൽ യ ◌ു മ ക
ച ◌െ മ ◌് മ ര ◌ി യ ◌ാ ട ◌് എ ച പ ക ◌ം
ഫ എ വ ബ ◌ി ള ണ ന ക ന ന സ ഹ ആ ◌ു ഗ
എ ആ ണ ദ ◌ം ഡ ◌ോ ൾ ഫ ◌ി ൻ വ ള ഫ ര ◌ാ
യ വ ജ ര ◌ി ണ ഖ ട വ ന ◌ാ യ ത ൾ ങ ര
ഹ ഹ ഫ ദ ത ൾ ഉ ബ സ ര ആ ബ ബ എ ◌് ◌ു
ര ല ൽ പ ജ അ ഖ ങ ഴ സ ക യ ◌ീ ൾ ങ അ
ര ഒ ട ◌് ട ക ◌ം ഖ ക ജ യ എ പ വ ◌് ഡ
ബ ട ത ൾ ദ ഉ ങ ക ര എ സ ൾ പ സ ർ ൽ
ണ ഗ ജ സ ജ ദ ട ക ◌ു ത ◌ി ര ബ ◌് ◌ീ സ

കരടി
ബീവർ
കാള
ഒട്ടകം
പൂച്ച
നായ
ഡോൾഫിൻ
ആന
ഫോക്സ്
ജിറാഫ്
ഗൊറില്ല
കുതിര
കംഗാരു
സിംഹം
കുരങ്ങ്
മുയൽ
ചെമ്മരിയാട്
തിമിംഗലം
ചെന്നായ
സീബ്ര

21 - Fishing

ത ട ◌ാ ക ◌ം ബ ൾ വ വ ഖ ൽ ച ൽ ശ ൽ ഫ
ജ ഗ ഖ ൻ ഗ ശ ത ള ◌െ ഉ ട ഫ ◌ി ൻ സ ◌്
ഗ ബ ഫ ക ഴ ഗ ◌ി ◌് ള പ ക ഷ യ ക ബ അ
ക ◌ൊ ട ◌് ട ഴ ക ള ◌് ക ശ ഉ ണ ◌ി ◌െ ക
സ ബ ◌ീ ച ◌് ച ◌് ◌ം ള ര ൻ ക അ ഷ അ ല
വ ◌ീ എ പ ട ആ യ ആ ◌ം ണ എ ഫ ഷ വ ശ ജ
ശ ണ സ ൽ ഖ ര ◌േ ഡ ത ങ ട എ ക ള ച ക
ഷ ബ ഗ ൺ യ ച ◌ാ വ വ ◌് ഭ ത വ ണ ഗ ഫ
യ ണ ഖ ശ ത ജ ശ യ ൽ ങ ജ ◌ാ ണ ഹ ഫ വ
ഹ പ ◌ാ ച ക ◌ം ◌ി ർ ച ൾ അ ദ ര ജ ഉ ൽ
ണ ത ൾ ല ക ൽ ത ച ഉ ര പ ക ◌ം ◌ം ൽ ൾ
ഫ ണ ജ ക അ ഖ അ ൾ ഗ ഷ ന ഡ ദ ൾ ര സ
ഹ ◌ു ക ◌് ക ◌് ദ ച ള ഫ ങ ഫ ◌് ൾ ല ങ
എ ങ ഫ ഖ ൽ ക ദ ജ ഡ ഗ ഗ ഉ ◌ു ണ പ ഹ
ൽ ഹ ര സ യ ൻ ഷ അ ന ഗ ന എ മ ഷ ◌് ക
ന ദ ◌ി ബ ൾ ച ണ പ ശ ല ഹ ച സ ശ പ ആ

കെണി
കൊട്ട
ബീച്ച്
വള്ളം
പാചകം
ഉപകരണങ്ങൾ
അതിശയോക്തി
ഫിൻസ്
ഹുക്ക്
അണയിൽ
തടാകം
സമുദ്രം
ക്ഷമ
നദി
സീസൺ
വെള്ളം
ഭാരം
വയർ

22 - Restaurant #1

ത ◌ി ◌് ത ക ◌ാ പ ◌് പ ◌ി അ ബ ◌ൗ ൾ സ ച
ന ശ ല സ ട ഖ അ ഹ വ ആ ദ ല ച ഉ ല ◌ി
ൾ അ ബ ഗ യ എ പ ശ പ പ ഫ ൻ ർ ഹ ഹ ക
ക ◌ാ ഷ ◌് യ ർ ◌് ങ ര ഖ ഷ ഴ ദ ജ ള ◌്
വ ന ഹ ക സ ഗ പ എ പ ഡ ഷ ഗ ഷ ജ ◌ി ക
ര ന ദ എ ഡ ണ ◌ം ള ത ണ ന ല ല ഗ ട ൻ
◌ു മ ശ ര ജ ട ഴ ഡ പ ഭ ക ◌് ഷ ണ ◌ം ഷ
◌േ ധ ഴ ◌ി ൾ ണ ൻ സ ◌് ◌ഃ സ ണ ശ ങ ഡ വ
ച ◌ു ത വ ൻ ബ ഖ ◌ം ല ജ ല ഹ ൻ ഉ ച ◌േ
ല ര ന ◌ു ◌െ മ എ ◌ം ◌േ അ ത ◌ൂ വ ◌ാ ല ർ
ക പ ത ◌ം ജ ര ശ ◌ാ റ ൾ ട ഖ ൽ ഷ ഴ സ
ഷ ല ബ വ ൻ ഡ ആ മ ◌് ഖ ജ ◌ു സ ന ക ◌ി
ന ഹ ജ ത ൽ ബ ഹ ൻ റ ട ൽ ആ ക ഴ ക റ
ന ◌ാ ജ ആ ഖ എ ഷ ൽ ◌് ട പ വ ന ◌് ല പ
ള ര പ ര ◌ി ച ◌ാ ര ◌ി ക ച ച അ ക ക എ
ബ ◌ം ക ഫ ര ൽ ട ങ ഴ ച ഖ ര ന വ ള ള

അലർജി
ബൌൾ
അപ്പം
കാഷ്യർ
ചിക്കൻ
കാപ്പി
മധുരപലഹാരം
ഭക്ഷണം
ചേരുവകൾ
അടുക്കള
കത്തി
മാംസം
മെനു
തൂവാല
പ്ലേറ്റ്
റിസർവേഷൻ
സോസ്
എരിവും
പരിചാരിക

23 - Bees

ട	ആ	ഫ	ത	ഴ	ബ	ച	ആ	ൽ	പ	പ	ഇ	ക	ദ	ക	ങ
ഉ	വ	ര	◌ഃ	പ്ര	യ	വ	ഖ	ഉ	◌ു	◌ാ	ക്ര	◌ൂ	പ	◌ു	ക
ൽ	◌ാ	ഖ	ട	ണ	◌്	ശ	ള	അ	ഷ	ല	◌്	മ	ട	റ	അ
എ	സ	ശ	◌്	ൽ	ണ	ര	ച	ൾ	◌്	◌്	ക	◌്	ബ	◌ി	ഴ
സ	വ	ഫ	ട	ൽ	ഹ	ള	◌ാ	ഗ	പ	ല	◌ഃ	പ്ര	ശ	ച	ത
സ	◌്	ക	◌ം	ഴ	പ	പ	ഫ	ണ	◌ം	◌ി	സ	◌ഃ	ങ്ര	ഴ	◌േ
◌്	യ	സ	◌ൂ	ര	◌്	യ	ൻ	◌ം	◌ി	ന	◌ി	ള	എ	ൾ	ൻ
യ	വ	ദ	ൽ	ബ	ര	ജ	ണ	◌ു	ണ	◌േ	സ	യ	ങ	ത	ണ
ങ	സ	ഷ	ച	പ	പ	◌ാ	ഡ	ഗ	ത	റ	◌്	◌ി	വ	ത	ൻ
◌്	◌്	ണ	ര	യ	◌ൂ	ദ	ജ	ൾ	ഷ	◌്	റ	ൽ	ശ	ത	യ
ങ	ഥ	ഗ	ച	ആ	ഫ	ക	ക	◌്	ൻ	റ	◌്	ഷ	ൽ	ബ	ഹ
ൾ	ഭ	ക	◌്	ഷ	ണ	◌ം	◌്	ന	ഞ	ർ	റ	ശ	ഡ	ട	എ
വ	◌ൈ	വ	◌ി	ധ	◌്	യ	◌ം	ക	ആ	◌ി	◌ം	ഡ	എ	ക	ഷ
ൽ	ക	വ	മ	◌െ	ഴ	◌ു	ക	◌്	ൾ	ക	◌ൂ	ട	◌്	ട	◌ം
അ	ഷ	ഫ	അ	ച	ഴ	വ	ആ	വ	ട	ള	ഷ	അ	ഗ	ഗ	ൽ
ച	ബ	ഗ	ഡ	ല	ഴ	ഷ	ന	ങ	ബ	ച	ഫ	എ	ത	ഉ	ള

ഗുണം
പുഷ്പം
വൈവിധ്യം
ഇക്കോസിസ്റ്റം
പൂക്കൾ
ഭക്ഷണം
പഴം
തോട്ടം
ആവാസവ്യവസ്ഥ
തേൻ

പ്രാണി
സസ്യങ്ങൾ
കൂമ്പോളയിൽ
പൊല്ലിനേറ്റർ
രാജ്ഞി
പുക
സൂര്യൻ
കൂട്ടം
മെഴുക്
ചിറകു

24 - Weather

മ	ച	മ	ഴ	വ	◌ി	ല	◌്	ല	◌്	ത	ന	ഷ	ല	ശ	ത
◌ൂ	◌ു	◌്	അ	ന	◌്	ത	ര	◌ീ	ക	◌്	ഷ	◌ം	റ	◌ം	ഖ
ട	ഴ	ഉ	ച	എ	വ	ച	ഡ	യ	മ	◌ാ	ത	ന	◌്	◌ാ	ശ
ൽ	ല	ഫ	ഗ	ശ്	യ	ആ	◌്	പ	ൺ	ള	ഹ	ല	റ	ക	ൽ
ക	◌ി	എ	ണ	യ	ര	ല	ര	ക	സ	അ	ര	ൽ	◌്	ആ	ദ
ത	ക	ന	യ	ധ	ജ	വ	◌െ	◌ാ	◌ൂ	ള	ണ	ച	◌ാ	ഹ	ഉ
◌ാ	◌്	ക	വ	◌്	ശ്	എ	ക	ല	ൺ	ആ	ഷ	ൽ	ക	ങ	ഷ
പ	ക	ക	വ	ര	വ	സ	ശ്	◌ാ	വ	ആ	ഖ	ന	ക	ഴ	◌്
ന	◌ാ	മ	ഉ	◌ു	എ	ഗ	അ	വ	ബ	ഉ	ര	ന	ശ	ൻ	ണ
◌ി	റ	ള	◌േ	വ	ആ	ര	അ	സ	ല	ജ	വ	◌്	എ	ച	മ
ല	◌്	ഐ	ശ്	ഘ	ക	◌ം	ക	◌്	ഴ	മ	◌ു	◌ി	ട	ഇ	◌േ
ട	റ	ല	സ	ശ	◌ം	ന	ല	ഥ	ര	ഗ	ആ	മ	ഹ	ന	ഖ
ബ	◌്	ശ	ശ്	◌്	ശ്	ഹ	ട	ഖ	ങ	സ	ഡ	ൻ	ഹ	ണ	ല
ണ	വ	◌െ	ള	◌്	ള	പ	◌്	പ	◌ൊ	ക	◌്	ക	◌ം	ൻ	◌ാ
ക	◌ൊ	ട	◌ു	ങ	◌്	ക	◌ാ	റ	◌്	റ	◌്	ഷ	ന	ന	ഡ
ള	ല	ഗ	ഗ	ഉ	ള	ച	ത	ഷ	ണ	ണ	ന	ജ	ശ	ക	ച

അന്തരീക്ഷം	മിന്നൽ
ശാന്തമായ	മൺസൂൺ
കാലാവസ്ഥ	ധ്രുവ
മേഘം	മഴവില്ല്
വരൾച്ച	ആകാശം
ഡ്രൈ	കൊടുങ്കാറ്റ്
വെള്ളപ്പൊക്കം	താപനില
മൂടൽ	ഇടിമുഴക്കം
ചുഴലിക്കാറ്റ്	ഉഷ്ണമേഖലാ
ഐസ്	കാറ്റ്

25 - Adventure

പ ൾ പ ഢ പ ഖ ര ഴ ബ അ ആ ര യ പ ല ഫ
ശ ◌് ദ ള ആ ഷ ല ഐ ◌ു വ ഗ അ ◌ാ ◌് ക ◌്
◌ം ഐ ര അ ൾ ങ ഹ ഹ ദ സ ള പ ത ര ◌് ര
◌േ ബ ഷ ക ◌് ര ◌ു സ ◌് ര ഷ ◌ു ◌് വ ഷ ണ
വ ൾ ള യ ◌ൃ ര അ ആ ധ ◌ം ഐ ത ര ർ ◌് ◌്
ആ ◌െ ബ ◌ം ങ ത ആ ഴ ◌ി ല ഷ ◌ി ◌ാ ത യ ട
അ വ ല ര ച ശ ◌ി ബ മ ൽ ◌ം യ വ ◌് സ ◌്
പ ല ല ◌് മ ◌ി ത ഭ ◌ു ◌് ത അ ◌ി ത ◌് സ
ക ആ ല ദ ല ഫ ല ഷ ട ൻ ◌ഃ ഗ വ ന ഥ ◌്
ട ശ ഴ ന ഫ ◌ു ട യ ◌് ശ ◌് ഫ ര ◌ം ◌ാ ഗ
ക ര ഫ ◌് ന ഫ വ ഗ ട ഖ ന ന ണ ജ ന ആ
ര ൽ ന ◌ൗ ദ ണ അ ◌ി ◌് ഐ സ യ ◌ം ഫ ◌ം ര
മ പ ണ സ ഉ ര ര പ ള ൾ ട ഹ ഴ ഗ ബ ന
◌ാ ഗ ഗ ള ൻ ഷ ഗ ◌േ വ ◌ി ◌ാ ന ശ ദ ട ഫ
യ ത ഢ ഢ ഹ ഹ ഖ ങ ക ◌ം ക ◌് ◌ു ര ഒ ൽ
ഉ ല ◌് ല ◌ാ സ യ ◌ാ ത ◌് ര ൾ ല ൾ ന ഉ

പ്രവർത്തനം
സൗന്ദര്യം
വെല്ലുവിളികൾ
അവസരം
അപകടകരമായ
ലക്ഷ്യസ്ഥാനം
ബുദ്ധിമുട്ട്
ആവേശം
ഉല്ലാസയാത്ര
ഫ്രണ്ട്സ്
യാത്രാവിവരണം
സന്തോഷം
പ്രകൃതി
നാവിഗേഷൻ
പുതിയ
ഒരുക്കം
സുരക്ഷ
അത്ഭുതമില്ല

26 - Sport

ക ള അ ഹ ൾ ണ ള ആ പ ഹ ഖ ആ ആ ഓ ശ ആ
ഗ ഴ ഹ ഡ ക ള ആ ഫ ◌് പ ◌ൃ ഖ ട ട ക സ
ഉ വ ◌ി ക ഥ ജ ച വ ര ബ ഉ ദ ത ◌് ◌് ഉ
എ സ ച വ ◌ി ഖ ൽ ള ഃ◌(ജ ള ഹ യ ട ത ദ
ത ണ ◌ു ഷ ◌് ◌ി ഹ സ ഗ ഫ ള ങ ച ◌ം ◌ി ന
ആ ജ ഹ പ സ ഗ ല സ ◌് ട ◌് ർ പ ഃ◌(◌് സ
ഗ ര ൾ ഖ അ ട യ ഉ ര ച ഡ ക ◌ാ സ ച വ
ൽ ◌ം ഃ◌(ബ ഹ ഉ ര ഴ ◌ാ ന ഴ ക പ ന വ ല
ല ഹ പ ഗ റ പ ച ഡ ◌ം ൽ ര പ ഉ ആ വ ◌ു
ത ◌ാ ത ച ◌് ച ◌് ഃ◌(ക പ ◌േ ശ ◌ി ക ൾ ത
ആ ക പ പ ◌് യ ◌ം ഷ ◌് ◌് ക ല ഖ ഉ ബ ◌ാ
ണ ◌ാ ൻ ൾ റ ഉ ◌ം ക ഴ ശ ഴ ശ ത ത ച ക
ച ഷ ര ര യ ക ക വ ഹ ദ ജ ര ള ത ള ◌്
ന ഃ◌(ഉ ങ ഡ ൾ സ ണ ഉ പ ക ◌ീ ള ജ ശ ക
ക പ ഷ ന ◌ൃ ത ◌് ത ◌ം ണ ആ ര വ ല ഹ ◌ു
സ ◌ൈ ക ◌് ല ◌ി ◌ം ഗ ◌് ഉ അ ◌ം ൾ ഗ പ ക

കഴിവ്
ശരീരം
അസ്ഥികൾ
ഹൃദയ
കോച്ച്
സൈക്ലിംഗ്
നൃത്തം
ഡയറ്റ്
സഹിഷ്ണുത
ലക്ഷ്യം
ആരോഗ്യം
ഓട്ടം
വലുതാക്കുക
ഉപാപചയ
പേശികൾ
പോഷകാഹാരം
പ്രോഗ്രാം
സ്പോർട്സ്
ശക്തി

27 - Restaurant #2

ന ഫ ൻ ഴ പ ച യ ആ ല ൾ ക ഞ ല ബ ങ ണ
ഉ ◌ൂ ഖ ങ ഴ യ ല ഖ ൾ ജ ഹ ൻ ഗ ന ള ര
ച സ ഢ ള ◌ം ള ◌് ◌െ വ ത ര ഹ ൽ ച ശ ങ
◌് ◌ൂ ◌് ◌ി ച ൽ ർ ട ഉ ച ഷ യ ട ങ ഴ ല
ച പ ല ഹ ൽ ആ റ ര ◌ു ച ◌ി ക ര മ ◌ാ യ
ഭ ◌് ◌ാ ത ഷ സ റ ഉ പ ◌് പ ◌് ൾ ഹ ച ര
ക പ സ വ ശ പ ◌് പ ◌് ശ ◌ി വ ഐ ആ ൻ ഢ
◌് ◌് ട ൽ ഖ ഗ യ ഫ ല ൾ ഉ ള സ ര പ ശ
ഷ സ ര ഖ പ ഢ ◌് മ ◌ൈ ന ക ത ◌് യ ര ണ
ണ ബ ആ അ ◌ാ ഉ ◌െ ഷ ത ർ ക ര ണ ◌് ട ◌ി
◌ം പ ഞ ജ ന യ വ സ ഢ ◌് ക ങ ഹ ഞ ത ആ
ൻ ന ക ന ◌ീ ങ ച ഢ എ എ സ ◌് ഉ ബ ൻ ണ
ഞ ണ സ യ യ ക ◌േ ക ◌് ക ◌് ◌് ക ഫ ഴ എ
ന ഫ ◌േ ഴ ◌ം ത ◌ാ ◌് ത ഞ ണ ഖ യ ◌് ഷ ൾ
ൽ ന ര എ ഢ ങ ഢ ശ ആ ച സ യ ഴ ◌ം വ ട
മ ◌ു ട ◌് ട പ ച ◌് ച ക ◌് ക റ ◌ി ക ൾ

വിശപ്പ്
പാനീയം
കേക്ക്
കസേര
രുചികരമായ
അത്താഴം
മുട്ട
മത്സ്യം
ഫോർക്ക്
പഴം
ഐസ്
ഉച്ചഭക്ഷണം
നൂഡിൽസ്
സാലഡ്
ഉപ്പ്
സൂപ്പ്
കരണ്ടി
പച്ചക്കറികൾ
വെയ്റ്റർ
വെള്ളം

28 - Geology

യ വ ണ സ ആ ഖ ന ൻ ത ച ള ല ഫ പ ൻ ഉ
ണ ക ല ◌് ല ◌് ൻ ൾ യ ക ഗ ഡ ഷ ര പ ര
ഉ ജ ൽ ട യ അ ണ ഫ വ ◌് യ ധ ൽ ല ◌ാ ◌ു
ന ഹ അ ◌് ത ഫ ത പ ട ര പ ◌ാ ന ◌ു ള ക
ൽ ത വ ർ ര ശ ◌െ ന ക ങ ◌് ത ഐ ക ◌ി ◌ി
ഴ ◌ം ◌ി വ പ യ ത ച ഉ ◌് പ ◌ു ഡ ൾ ഷ യ
ച വ അ ◌ാ ങ ◌ം ◌ി ഭ യ ങ ◌് ക ഫ ഗ ങ ര
ഷ വ ആ ◌് ൻ സ ച ൻ ◌ൂ ൾ ല ◌് ഃ ◌്ര ക ര ഹ
ച ◌് ജ ക പ ◌് ◌് പ ഉ ഖ ◌ി ക സ ജ ഡ ആ
ഗ ർ ഴ അ ◌ീ ത ല ര ◌ം ള ണ ൾ ◌ി ഫ ഫ ത
ദ പ ബ ൾ ഠ ◌് ത ല ദ മ ◌ൌ ◌് ൽ ണ ൾ ജ
ച ന ജ ജ ഭ ◌ാ ◌് ഷ ജ ജ ◌് ആ ഡ ല ച ക
ങ ◌ി ണ ൻ ◌ൂ ക സ ങ ങ ച ണ ക സ ◌ം സ ണ
ങ ◌് ട ഗ മ ല ഡ ള ആ ഐ മ ങ ◌ൂ ◌ി ച ദ
ച ഗ ല ◌ു ◌ി ◌ാ ട ഷ ൽ സ ഫ ക ൻ ഭ ഡ ൻ
ൻ അ ര ഹ ശ വ ഷ ച ശ ആ ന ഹ ഫ ജ ണ ◌്

ആസിഡ്
കാഠിന്യം
ഗുഹ
ഭൂഖണ്ഡം
പവിഴം
പരലുകൾ
ചക്രങ്ങൾ
ഭൂകമ്പം
മണ്ണൊലിപ്പ്
ഫോസിൽ
ലാവ
പാളി
ധാതുക്കൾ
ഉരുകിയ
പീഠഭൂമി
ക്വാർട്സ്
ഉപ്പ്
സ്ഥലച്ഛിതെ
കല്ല്
അഗ്നിപർവ്വതം

29 - House

ഫ ങ ക ഷ ഗ ൾ ഖ ഫ ഴ ഗ ച ബ യ ൻ ത ര

ല ർ ഉ വ ച ബ പ ത റ ബ ണ ൾ ബ ണ ല ക

◌ി ◌ൈ ണ ത ട ◌് ട ◌ി ന ◌് പ ◌ു റ ◌ം ഷ ◌ം

◌േ ഡ ബ ◌ി ക ഉ ങ ൻ വ മ ◌ൂ ട ◌ു ശ ◌ീ ല

വ ബ ഫ ◌് ച പ ൻ എ ◌ാ ക ഷ ത യ ഉ ൽ ◌ാ

യ ഫ ബ ന ര ◌് ൻ ഴ ത ര വ ഃ◌്ര ള ഫ ന ജ

ഉ ബ ഉ ഷ ഫ റ ച ഷ ◌ി ഹ ർ ട ക ശ ബ വ

മ ◌ു റ ◌ി ത അ ◌ി ർ ൽ ച ഖ ◌് ക ◌ീ എ വ

ൾ ആ ബ വ വ ച അ ഉ അ ◌ൂ ൽ ട ◌് ന ക സ

ര ഗ ഋ ബ ഫ ത പ ൻ യ ല ങ ◌ം ◌ു ഷ ◌് ൾ

പ ബ യ ൽ ജ എ ന ല ച ◌് ൾ ഖ ട സ ക ഹ

ത ച ഴ പ ◌് പ ◌് ◌ു ട അ ജ ങ അ മ ◌് ൽ

ഴ ൽ ക ട ര ക ◌ൂ ക ◌് ൽ ◌േ മ ഉ ത ള ള

വ ദ ള ട ◌േ എ ഖ ആ ആ എ യ ബ ള ◌ി ◌ി ആ

ക ണ ◌് ണ ◌ാ ട ◌ി വ വ സ ജ ണ ഹ ൽ വ ദ

ഹ ദ ഖ ഹ ഗ ഷ ൽ ട ദ സ ര ൽ ൽ ഴ ട ദ

തട്ടിന്പുറം
ചൂല്
മൂടുശീല
വാതിൽ
വേലി
അടുപ്പ്
തറ
ഫർണിച്ചർ
ഗാരേജ്
തോട്ടം
കീകൾ
അടുക്കള
വിളക്ക്
ലൈബ്രറി
കണ്ണാടി
മേൽക്കൂര
മുറി
ഷവർ
മതിൽ
ജാലകം

30 - Physics

ല ആ ഇ ശ വ സ സ ആ ഴ ണ ൽ പ ട ജ ക ഗ

ത ഉ ശ ല ഹ ആ റ ◌് റ ◌ം ൻ ച ഗ എ വ ◌്

ന ഗ വ ൾ ക ഷ ശ ങ എ ല പ ച ഹ ഖ ഹ യ

ആ ൻ ന ദ എ ◌് ആ വ ◌ൃ ത ◌് ത ◌ി യ ശ ◌ാ

ക പ ഉ ണ ൽ ര ട എ ണ ന ൽ ആ ങ ◌് ശ സ

◌ാ ◌ം ◌േ വ ◌േ ഗ ത ◌് ◌ം ഹ ഗ പ വ ഗ ഞ ◌്

ന പ സ ക ആ ണ വ ക ര ഫഃ ◌്ര ർ മ ◌ു ല എ

◌് ◌് ◌ാ ര ◌് ഡ വ ണ വഃ ◌്ര പ ണ ജ ജ ഉ വ

ത ഴ ന ◌ി ക ഷ പ ◌ി ◌് ള ൻ ഖ ൾ ന ശ ആ

◌ി ◌ു ◌് ത അ ൾ ◌ി ക ത പ ◌് ര വ ◌േ ഗ ◌ം

ക ക ദ ◌് ഴ ൾ യ ക ക ◌െ മ ◌ി ക ◌് ക ൽ

ത ഫ ◌് വ യ ഗ ഗ ര ത ◌് മ ◌ാ ◌് ന ത ക

ഉ ൻ ര ർ ൽ ജ ഖ ഡ ള ൽ സ വ ഉ ഴ ച ഡ

പ ഖ ത ◌ാ ല പ ത ബ ത ഡ സ ദ എ എ വ ള

ര ത ണ സ ◌് ക ◌് ന ◌ി ക ◌ാ ക ◌് ◌െ മ ഹ

ബ ഹ ◌ു ജ ന ഫ ൾ ന ഉ ജ ച യ ഴ വ ആ ണ

തരംഗം
ആറ്റം
കുഴപ്പം
കെമിക്കൽ
സാന്ദ്രത
ഇലക്ട്രോൺ
എഞ്ചിൻ
ഫോർമുല
ആവൃത്തി
ഗ്യാസ്
കാന്തികത
ബഹുജന
മെക്കാനിക്സ്
തന്മാത്ര
ആണവ
കണിക
ആപേക്ഷികത
വേഗത
സാർവത്രിക
പ്രവേഗം

31 - Dance

ഹ ഡ ണ ഉ അ ഹ ന വ പ ഉ ശ ര ദ ന വ ത
വ ര ഹ ശ ആ ങ ര ങ ◌ി ക ണ വ ഡ ◌ൃ ◌ി സ
സ ◌ി ല ഖ ഉ ല ത ജ ഗ ഷ ഴ ല ള ത ക ◌ാ
ന ന ക ഴ ൽ ആ സ ഫ ന ദ ◌് ഡ അ ◌് ◌ാ ◌ം
◌് യ പ ◌ാ പ ങ ◌് ക ◌ാ ള ◌ി വ ൽ ത ര സ
ത ൻ ട ക ര ◌ം ക ◌ാ സ ◌് ◌ം സ ൽ ◌ം ◌ം ◌്
◌ഃ ഞ ക ള ◌ം ◌ാ ത ന ഹ ത ൽ ണ ഷ ഗ ക ക
ഷ ഫ ൽ ന ◌ീ അ ധ ഉ പ ഉ യ ബ ഡ ◌ീ ഹ ◌ാ
◌ം ഴ വ ◌ം ര ഗ ക ◌ീ ഉ ജ ക ◌ൃ പ ◌ം ണ ര
ണ ത ദ ഥ ശ ഴ ആ ◌് ന ള സ ഉ ആ സ ഴ ◌ി
ള ര ഖ ◌ാ ജ ജ ച ര ക ന ച ◌ാ ട ◌ു ക ക
എ ള ഫ സ ത ള ഉ ല ഡ ◌ാ ◌ു ആ ശ ഹ പ ൾ
പ ര മ ◌് പ ര ◌ാ ഗ ത അ ദ ◌ം ട ജ സ ണ
പ വ ഴ ര എ ദ ബ ത ജ ര ള മ ന ജ ന ക
ബ ര ൾ ◌് ള ഴ ഹ ക ഷ ന യ പ ◌ി ൾ ൽ ൾ
ട ര ഗ പ ക ◌് ല ◌ാ സ ◌ി ക ◌് ക ൽ ദ ങ

അക്കാദമി
കല
ശരീരം
നൃത്ത
ക്ലാസിക്കൽ
സാംസ്കാരിക
സംസ്കാരം
വികാരം
വികാരാധീനനും

കൃപ
സന്തോഷം
ചാടുക
പ്രസ്ഥാനം
സംഗീതം
പങ്കാളി
താളം
പരമ്പരാഗത
വിഷ്വൽ

32 - Coffee

ര ക ക ◌ു ക ◌് ട ◌ി ◌ൊ പ ശ ട യ യ ദ ല
വ സ റ ജ ള എ ബ ള അ ശ ശ ര ക യ ക ക
◌െ എ ◌ം ◌ു ത ദ ◌് ര ◌ാ വ ക ള പ ല ക ◌്
ള ബ ച ള ത ച ഗ ങ ല ർ റ റ ◌് ◌ി ബ ര
◌് ല ഖ ട ◌് ◌് ഹ ഉ ഖ ഉ ഹ ഫ പ വ ശ ◌ീ
ള ഖ ട ർ ◌ു ച ത ത പ ◌ാ ൽ ഡ ◌് ച ന ◌ം
◌ം അ ബ ട റ ൻ ഗ ◌് എ എ എ ബ ഉ ങ ഋ ഡ
ബ ള ഹ ട വ ജ ൻ ഭ ണ പ സ അ ബ ച ണ ട
ഫ ഹ ഡ ◌് ശ ◌ൊ ള വ പ ഞ ◌് ച സ ◌ാ ര യ
ഴ ങ യ ൽ ഷ ല വ ◌ം ച പ ഡ ട ട ദ വ യ
ര ◌ാ വ ◌ി ല ◌െ ഴ ◌ി ഷ ശ അ ങ യ ട ള ള
ബ യ ജ ഫ ക ഫ ◌ീ ൻ ധ ◌ം ന ◌് ഗ ◌ു സ ഹ
ത ഡ ക ര വ ഴ ഡ ല ണ ◌് യ ന പ ദ ൻ ൻ
ക ൽ ഹ ട സ ശ ഴ എ ഗ എ യ ◌ം ന ◌ീ ◌ാ പ
യ ക യ ൽ ഗ യ ൻ ത ജ ൽ സ ◌ം ങ ഉ ശ ട
ബ ണ ര ട സ അ ത ഗ ൽ ങ യ ച ഡ ശ ബ ന

സുഗന്ധം
പാനീയം
ബിറ്റർ
കറുത്ത
കഫീൻ
ക്രീം
കപ്പ്
ഫിൽട്ടർ
രസം
പൊടിക്കുക
ദ്രാവക
പാൽ
രാവിലെ
ഉത്ഭവം
വില
വറുത്ത
പഞ്ചസാര
വൈവിധ്യം
വെള്ളം

33 - Shapes

ജ ബ ഉ ദ ര ക ര ജ ഉ വ ൾ ഡ ട ൽ ജ ഴ
ഹ ാ ◌െ പ ◌് പ ർ ബഃ◌(ള ങ ശ ആ വ സ ത ൾ
വ ഷ ന ക വ ത ഷ ദ ൽ ൾ ൾ ◌ം ഫ ദ ആ ത
ർ പ വ ർ ൾ ർ ൾ ◌ീ അ ൾ ജ ട ഴ ല ത ൽ
ട എ പ ആ ൾ ൽ ക ര ◌ം ത ◌ു ച ഘ ർ ◌ീ ദ
ണ ഷ എ അ ആ എ ◌ി ◌് ആ ള ൽ ള സ മ ബ ബ
◌് ക വ ല ഷ ഫ ◌് ഘ യ ഖ ബ ◌് യ ◌ൂ ◌് ക
ല ാ ◌െ ൻ അ ആ ൾ ക വ ട ട ങ ഫ ട ല ട പ
◌ി ക ഖ ക വ ഴ ർ ◌ൃ ക ശ വ ശ പ ഡ ജ ◌ി
◌ി ഡഃ◌(ജ പ സ സ ത ല ജ ള ഫ പ പ യ ര
സ എ ശ ൺ ഓ വ ൽ ◌് ന ല ജ ൻ ◌് ഫ ണ മ
പ ത ക ദ ബ ര ഷ ത ച ജ ൽ ഴ ര ശ വ ◌ി
റ ◌ൗണ ◌് ട ◌് ഫ ◌ം ൺ ഗഃ◌(ള ◌ിഃ◌(പ ഡ
ണ ച ര ബ ആ ന ക അ ആ ൻ ദ ശ സ ഴ ണ ◌്
ഴ ച ജ ല ഉ ൾ പ ഫ ഉ ശ ഗ ള ◌ംഃ◌(ഗ ഴ
ജ ത ◌് ര ◌ി കഃ◌(ണ ◌ം ള പ ക ള ള ത യ

ആർക്
സർക്കിൾ
കോൺ
മൂല
ക്യൂബ്
കർവ്
സിലിണ്ടർ
ദീർഘവൃത്തം
ഹൈപ്പർബോള
ലൈൻ
ഓവൽ
പോളിഗോൺ
പ്രിസം
പിരമിഡ്
ദീർഘചതുരം
റൗണ്ട്
വശം
ഗോളം
കവല
ത്രികോണം

34 - Scientific Disciplines

ഫ	◌ി	സ	◌ി	യ	◌ോ	ള	ജ	◌ി	ങ	ള	മ	മ	ഇ	ഭ	ഭ
ജ	◌ീ	വ	ശ	◌ാ	സ	◌്	ത	◌്	ര	◌ം	◌ി	◌െ	മ	◌ൗ	◌ൂ
ഗ	ൾ	പ	ഉ	ആ	ൽ	ഖ	ഖ	ബ	ൽ	യ	ന	ക	◌്	ത	മ
മ	ന	◌ഃ	ശ	◌ാ	സ	◌്	ത	◌്	ര	◌ം	റ	◌്	മ	◌ി	◌ി
◌ി	ശ	യ	വ	◌ാ	ത	◌ു	◌ൊ	പ	◌ം	ൾ	◌ോ	ക	◌്	ക	ശ
ട	സ	ര	ഴ	ന	ല	ആ	ഡ	◌ോ	ത	ൽ	ള	◌ാ	യ	ശ	◌ാ
ട	ങ	◌ു	◌ീ	ബ	ൻ	ഗ	യ	ഷ	◌്	സ	ജ	ന	◌ൂ	◌ാ	സ
◌്	ല	അ	വ	ര	ഴ	ബ	ച	ക	സ	ന	◌ി	◌ി	ണ	സ	◌്
◌ാ	ഉ	ങ	ജ	◌ോ	ഘ	ജ	ക	◌ാ	◌്	◌്	എ	ക	◌ോ	◌്	ത
ന	ന	എ	ശ	ഴ	ള	ട	ൽ	ഹ	ശ	യ	ജ	◌്	ള	ത	◌്
അ	സ	എ	ള	ല	ല	ജ	ന	◌ാ	◌ാ	◌ൂ	ൾ	സ	ജ	◌്	ര
ഫ	ആ	ഡ	ഉ	ക	ല	യ	◌ി	ര	ഷ	റ	ള	◌്	◌ി	ര	◌ം
ൻ	ക	ഡ	വ	അ	ങ	ഉ	യ	◌ം	◌ാ	◌ോ	അ	ഴ	ച	◌ം	ഖ
ര	സ	ത	ന	◌്	ത	◌്	ര	◌ം	◌ാ	ള	ഹ	ല	യ	ര	ഉ
സ	◌ോ	ഷ	◌്	യ	◌ോ	ള	ജ	◌ി	ഭ	ജ	ജ	പ	ഹ	ഡ	ഉ
ക	◌ൈ	ന	സ	◌ി	യ	◌ോ	ള	ജ	◌ി	◌ി	ട	ഴ	പ	ങ	ശ

അനാട്ടമി
പൊതുവായ
ജീവശാസ്ത്രം
രസതന്ത്രം
ശരീരഘടന
ഭൂമിശാസ്ത്രം
ഇമ്മ്യൂണോളജി
കൈനസിയോളജി
ഭാഷാശാസ്ത്രം
മെക്കാനിക്സ്
മിനറോളജി
ന്യൂറോളജി
പോഷകാഹാരം
ഫിസിയോളജി
മനഃശാസ്ത്രം
സോഷ്യോളജി
ഭൗതികശാസ്ത്രം
സുവോളജി

35 - Science

പ	വ	ക	ഗ	◌്	ര	◌ാ	വ	◌ി	റ	◌്	റ	◌ി	ച	ഴ	ദ
ൾ	യ	ദ	◌െ	ന	എ	ആ	ള	ങ	ശ	ഡ	ഫ	അ	ൾ	ഗ	ഷ
ഷ	ക	എ	ന	മ	◌ം	ണ	◌ാ	◌ി	ര	പ	പ	ദ	ബ	ഷ	സ
ച	ആ	ല	◌ി	ത	◌ി	ക	◌ൃ	ര	◌്	പ	ത	ബ	ക	ല	സ
ങ	വ	ര	ര	ത	ജ	ക	ധ	◌ാ	ത	◌ു	ക	◌്	ക	ൾ	◌്
സ	ക	ജ	◌ീ	◌ു	ക	സ	◌്	ക	◌്	സ	◌ി	◌ി	ഫ	ശ	യ
ത	ഖ	ൾ	ക	◌്	ക	ണ	ത	ക	എ	ഉ	ഫ	ൽ	ഫ	◌ാ	ങ
ന	അ	ഹ	◌്	സ	ത	വ	◌ി	ച	ൽ	ങ	ഃ◌്ര	യ	എ	സ	◌്
◌്	ഗ	ച	ഷ	വ	ട	വ	◌ീ	ക	ള	ച	സ	ക	ജ	◌്	ങ
മ	ഖ	ഡ	ണ	ട	ൽ	യ	ര	ഹ	ക	ഷ	◌ി	◌ാ	ജ	ത	ൾ
◌ാ	ല	റ	◌ം	◌്	റ	ആ	ന	വ	ത	ൾ	ൽ	ല	ആ	◌്	ഖ
ത	ഷ	ക	റ	◌ി	ട	ട	◌്	റ	ഃ◌്ര	ബ	ല	◌ാ	ര	ര	ആ
◌്	ത	◌ം	ന	◌്	ധ	◌ാ	ദ	◌്	◌ി	സ	ര	വ	ഷ	ജ	ത
ര	ഗ	പ	ഡ	ഫ	◌ാ	ത	ള	എ	ദ	വ	ക	സ	ദ	◌്	ൻ
ക	യ	ജ	ദ	ല	ണ	ഡ	ശ	ണ	സ	ക	ഹ	◌്	ഴ	ഞ	ങ
ൾ	പ	ര	◌ീ	ക	◌്	ഷ	ണ	◌ം	ഉ	ല	ര	ഥ	ജ	ൻ	ഉ

ആറ്റം
കെമിക്കൽ
കാലാവസ്ഥ
ഡാറ്റ
പരിണാമം
പരീക്ഷണം
വസ്തുത
ഫോസിൽ
ഗ്രാവിറ്റി
സിദ്ധാന്തം

ലബോറട്ടറി
രീതി
ധാതുക്കൾ
തന്മാത്രകൾ
പ്രകൃതി
നിരീക്ഷണം
കണികകൾ
ഫിസിക്സ്
സസ്യങ്ങൾ
ശാസ്ത്രജ്ഞൻ

36 - Clothes

ബ വ വ ആ ഉ ജ ഗ ങ അ ബ ത സ ൻ ഡ ആ ട
ജ ◌് ണ ള വ ◌ീ ന ക ഷ ഖ ഗ ◌ൌ ഴ പ ര ല
ക ◌ാ ര ബ ജ ൻ ള അ വ ങ ള സ പ ന ഴ സ
◌ൈ ന ധ ◌േ ൾ സ പ ര ൽ പ ൻ ◌ൈ ജ ◌് പ പ
ട യ ◌ാ ൻ സ ◌് മ ജ ◌ാ ◌െ പ ക ◌ാ ന പ യ
◌് ഫ ര ര ◌് ◌് ള ജ യ സ യ ◌് ക ◌െ ണ ◌ി
ട ക ത ണ ല ര ല ഖ വ ണ ൻ സ ◌് ക യ ഉ
◌് ക ◌് ദ ◌ൗ ര ഡ ◌െ ൽ ല ല ◌് ക ◌് വ ഷ
ച റ ◌് റ ◌് ൽ ◌െ ബ റ വ ഷ ഷ റ ല എ ർ
◌െ ഗ സ അ ബ എ ര ന ള ◌് ങ ൻ ◌് ◌േ ബ ട
ര ട വ ◌ാ ◌ാ പ ണ ശ ൽ ഗ റ ഖ റ സ ൾ ◌്
◌ു ബ യ ൻ ഫ ◌് ർ ക ◌ാ ◌് സ ◌് ◌് ◌് ഫ ട
പ ര ഖ ജ എ ◌ാ ഡ ആ ഭ ര ണ ങ ◌് ങ ൾ ◌്
◌് ഴ ദ ന ഡ ൾ ഷ സ ◌് വ ◌െ റ ◌് റ ർ ൽ
പ ത ച ങ വ അ ഴ ൻ യ ഡ ഴ ക ഉ ഗ വ ശ
◌് ന ൽ ട ള അ ൻ ആ ത ഷ ◌ൂ പ ഫ ര ഫ ത

ബെൽറ്റ്
ബ്ലൗസ്
ബ്രേസ്‌ലെറ്റ്
കോട്ട്
വസ്ത്രധാരണ
ഫാഷൻ
തൊപ്പി
ജാക്കറ്റ്
ജീൻസ്
ആഭരണങ്ങൾ
നെക്ലേസ്
പൈജാമസ്
നാവ്
ചെരുപ്പ്
സ്കാർഫ്
ഷർട്ട്
ഷൂ
പാവാട
സോക്സ്
സ്വെറ്റർ

37 - Ethics

റ	◌ി	യ	ല	◌ി	സ	◌ം	ള	അ	ൻ	പ	ത	ക	ജ	ഉ	അ
ഡ	ദ	ഴ	ഗ	ട	ത	യ	അ	ഉ	എ	ര	ത	ച	ദ	വ	ന
യ	◌ു	ക	◌്	ത	◌ി	വ	◌ാ	ദ	◌ഃ	◌(	◌്	ൻ	ള	ശ	◌്
ച	ദ	ങ	സ	ട	ഷ	ശ	അ	ണ	ണ	പ	ത	ജ	അ	ന	ത
പ	മ	യ	ത	ഹ	ൽ	ൻ	ന	ൽ	ര	ക	◌്	വ	ത	സ	സ
ച	വ	◌ൂ	◌ാ	ള	ന	ണ	ഗ	ശ	ക	◌ാ	വ	◌്	അ	മ	◌്
ഗ	വ	ശ	ല	ല	ച	ശ	വ	മ	ഹ	ര	ച	യ	ന	ഗ	സ
ല	വ	ഡ	ശ	◌്	◌ു	ണ	ക	ഷ	സ	◌ം	◌ി	ക	◌ു	◌്	◌്
ൾ	ശ	ഉ	ള	അ	യ	വ	ത	◌്	എ	ങ	ന	◌്	ക	ര	ൾ
ജ	◌്	ഞ	◌ാ	ന	◌ം	ങ	◌ാ	ക	ത	ല	◌്	ത	മ	ത	ബ
ദ	ത	ത	ൾ	ഉ	ള	ത	◌്	യ	ല	◌ി	ത	◌ി	◌്	ദ	അ
യ	ൻ	ൾ	ൾ	സ	ഗ	ജ	ൻ	ങ	ശ	ഖ	ഗ	ത	പ	എ	ൾ
സ	ത	◌്	യ	സ	ന	◌്	ധ	ത	ൾ	ള	യ	◌്	ത	ഷ	ള
ന	യ	ത	ന	◌്	ത	◌്	ര	ഖ	യ	ൽ	സ	വ	ന	ട	അ
ന	◌്	യ	◌ാ	യ	മ	◌ാ	യ	അ	ന	ൻ	ണ	◌ം	യ	ബ	യ
മ	ന	◌ു	ഷ	◌്	യ	ത	◌്	വ	◌ം	ഹ	സ	ൾ	അ	പ	അ

പരോപകാരം
ദയാലുവായ
അനുകമ്പ
സഹകരണം
അന്തസ്സ്
നയതന്ത്ര
സത്യസന്ധത
മനുഷ്യത്വം
വ്യക്തിത്വം
സമഗ്രത
ദയ
ക്ഷമ
തത്ത്വചിന്ത
യുക്തിവാദം
റിയലിസം
ന്യായമായ
സഹനശക്തി
മൂല്യങ്ങൾ
ജ്ഞാനം

38 - Astronomy

ദ ◌ൂ ര ദ ർ ശ ◌ി ന ◌ി ന ദ ഗ ള സ ണ ക
ര ◌ാ ശ ◌ി ച ക ◌് ര ◌ം ◌െ എ ദ ൻ ആ സ സ
ദ ഖ ശ ഹ ദ ഗ ല ക ള ബ ൻ സ ൻ ശ ക ല
ള വ സ റ അ ദ ഫ അ എ ◌ു ര വ ഹ ക ന ഹ
ജ ന ആ ◌ി ല ഷ ച ഖ ഫ ല ണ ര ദ ച ള ൽ
പ ◌ോ ങ റ ആ ണ ദ ൻ ള ഴ ള ആ ആ ന ഗ ത
ക ർ വ റ ഉ ◌ം ഫ സ ബ ച ഡ യ ക ◌് ◌ാ പ
ഉ പ ഗ ◌് ര ഹ ◌ം ◌ോ ഭ സ വ ങ ◌ാ ദ ല ച
എ പ ഷ വ ച ര ൾ ള ൽ ◌ൂ ങ ദ ശ ◌് ക ഷ
ഖ ◌് ഗ ◌േ ഴ ◌് ച ◌ാ ബ ൻ മ ഹ ◌ം ര ◌് ഗ
ച ◌ൂ ത ർ ര ഗ ഗ ർ ദ അ ദ ◌ി ഷ ൻ സ സ
ഗ സ ഴ സ ◌് മ ◌ോ സ ◌് ◌ോ ക ഉ പ ക ◌ി എ
ദ ഉ റ ◌് റ ◌് ക ക ◌് ◌ോ റ ഉ ൽ ക ◌് ക
ഉ ട ഴ ബ പ ◌് ര പ ഞ ◌് ച ◌ം പ ഖ ബ ല
ഉ ക ൾ ഒ വ ◌ി ക ◌ി ര ണ ◌ം ദ ൾ ആ ട ര
ഇ ക ◌് വ ◌ി ന ◌ോ ക ◌് സ ◌് പ ഫ ത ത ൻ

കോസ്മോസ്
ഭൂമി
ഗ്രഹണം
ഇക്വിനോക്സ്
ഗാലക്സി
ഉൽക്ക
ചന്ദ്രൻ
നെബുല
ഒബ്സർവേറ്ററി
ഗ്രഹം
വികിരണം
റോക്കറ്റ്
ഉപഗ്രഹം
ആകാശം
സോളാർ
സൂപ്പർനോവ
ദൂരദർശിനി
പ്രപഞ്ചം
രാശിചക്രം

39 - Health and Wellness #2

ജ ന ◌ി ത ക ശ ◌ാ സ ◌് ത ◌് ര ◌ം അ ങ ഡ
ര ഉ സ ങ ര ◌ം ഹ ◌ാ ക ◌ാ ഷ ഃ ◌െ പ ന ര അ
ക ഃ ◌െ ണ ച ക ഡ ര ഉ ണ പ ക പ ന ◌ാ ആ ണ
ഹ ഷ ഗ ൽ ◌് ര ഹ ച ന ൽ ഉ ഖ ഫ ട ന ◌ു
ന ട വ ◌ം ത ◌് ച ◌ി ◌ു ശ ങ ൾ ത ◌് വ ബ
ആ ര ശ ണ ◌ം ര ക ല ◌ീ ജ ർ ◌ി ന ട ◌ി ◌ാ
ൽ ദ ആ ര ഃ ◌െ ഗ ◌് യ ക ര മ ◌ാ യ മ ശ ധ
ആ ത ഗ ല ഷ ങ ബ ജ സ ◌ം ഗ ച ഗ ◌ി പ ഷ
ള ശ ര ഷ ൽ ൻ ഖ ന ര ച വ ൾ സ ജ ◌് ക
ദ ച ◌ു ഡ യ റ ◌് റ ◌് ജ ണ ◌ീ ൽ ർ പ ല
അ ല ൻ പ ആ ബ ല ങ ശ ള വ വ ജ ല ◌് ഃ ◌െ
ഭ മ ഹ അ ത ക ജ ര അ ദ ഹ ൽ ◌ം അ ഡ റ
◌ാ സ ച ണ ഗ ◌് സ മ ◌് മ ർ ദ ◌് ദ ◌ം ◌ി
ര ◌ാ ന ദ ആ ഡ ര ഴ ണ വ ഴ ട ര വ ബ അ
◌ം ജ ച ൾ ല ൾ ട ◌ി ബ ഖ ണ ഡ ഊ ൾ ന ഉ
ഖ ◌് വ ◌ീ ണ ◌് ട ◌െ ട ◌ു ക ◌് ക ൽ ഗ ങ

അലർജി
അനാട്ടമി
വിശപ്പ്
രക്തം
കലോറി
നിർജലീകരണം
ഡയറ്റ്
രോഗം
ഊർജം
ജനിതകശാസ്ത്രം
ആരോഗ്യകരമായ
ആശുപത്രി
ശുചിത്വം
അണുബാധ
മസാജ്
പോഷകാഹാരം
വീണ്ടെടുക്കൽ
സമ്മർദ്ദം
ജീവകം
ഭാരം

40 - Disease

ബ ഹ ത ത ത ഹ ൽ പ ൽ ദ ണ ല ണ ത ഡ ൽ

◌ാ ഷ അ ◌െ ത ശ ◌ൃ ണ അ ൽ ള ശ ത ഖ ശ ഫ

ക ◌ി ജ റ ◌് ◌് സ ദ ണ ണ ട ത ങ അ ഴ ഹ

◌് ശ ട ◌ാ റ വ ◌ി ദ യ ഗ ഹ ൾ ഉ സ ജ ട

ട ◌േ ത പ ◌ാ ◌ാ ൻ ◌ു വ ◌ം ര ദ ഉ ◌് ബ ള

◌ീ ധ ◌ി ◌് മ സ ഡ ർ അ ശ ണ ഉ ഴ ഥ ഗ ൽ

ര ര പ പ ◌ാ ക ◌് ബ പ ല ആ ക ത ◌ി ന ജ

◌ി ◌ോ പ ◌ി ട ◌ോ ര ല ദ ൽ ർ ബ ക ക ഉ പ

യ ത ◌് ശ ◌ു ശ ◌ോ മ ൻ ന ബ ജ മ ൾ ങ ച

ന ◌ി റ പ ട ല ◌ം ◌ാ ബ ബ ◌ം ന ◌ി ഫ ട ഹ

ആ ര ◌ോ ഗ ◌് യ ◌ം യ ങ ട ല ല ര ര ഫ അ

ൾ ◌് യ ൽ ◌ി ൾ ഗ ച ഫ ൾ ക ◌ം ക ◌് ◌ീ വ

ദ പ ◌ൂ സ വ വ ദ യ ര ◌് പ മ ◌് ര ◌ാ പ

ൾ ര ◌് യ ട ൾ സ ര ആ അ ബ ര ◌ം ◌ീ ര ശ

ൾ ഴ ന ങ സ ല ഹ ൾ ക ര ◌ി ക ◌ാ ഗ ◌ോ ര

ഹ ട ബ ത ട ഡ ട ഫ ഖ ജ അ ഴ സ ഴ ഹ ങ

ഉദരം
അലർജി
ബാക്ടീരിയ
ശരീരം
അസ്ഥികൾ
വിട്ടുമാറാത്ത
സാംക്രമിക
ജനിതക
ആരോഗ്യം
ഹൃദയം
പാരമ്പര്യ
പ്രതിരോധശേഷി
വീക്കം
ലംബർ
ന്യൂറോപ്പതി
രോഗകാരികൾ
ശ്വാസകോശ
സിൻഡ്രോം
തെറാപ്പി
ദുർബലമായ

41 - Time

ദ	ന	ൻ	വ	ണ	ന	മ	ക	ന	ൾ	ൻ	ൽ	ണ	ന	പ	ഗ
◌ി	ശ	ഹ	ബ	ൾ	വ	◌ു	◌്	പ	പ	മ	ഉ	യ	◌ൂ	ഉ	ല
വ	ള	വ	അ	ദ	ഫ	മ	ല	ത	ഃ	ണ	എ	ഫ	റ	ൻ	ന
സ	◌ം	◌ാ	മ	ഷ	ന	◌്	ഃ	സ	◌്	◌ി	ൻ	ച	◌്	ഴ	ആ
◌ം	എ	ട	മ	ഹ	ജ	പ	ക	ഗ	പ	ക	ണ	എ	റ	ല	ക
ള	അ	ന	◌ി	വ	ന	◌്	◌്	ന	ഇ	◌്	ഉ	ര	◌ാ	ള	ക
സ	ത	ഷ	ന	ൻ	◌ാ	ര	ക	ക	ഉ	ക	ച	◌ാ	ണ	ണ	ന
ദ	ട	പ	◌ി	ക	ണ	ർ	◌്	അ	ആ	◌ൂ	◌്	ത	◌്	ങ	ക
ട	ൾ	ങ	റ	ക	ച	ഗ	ഷ	ആ	ൻ	ർ	ച	◌്	ട	ൽ	ൽ
ൾ	അ	ഗ	◌്	ല	ൽ	ൽ	ഉ	◌ി	ഷ	ബ	യ	ര	◌്	ആ	ദ
ര	ള	ത	റ	ണ	വ	ർ	ഷ	◌ം	ക	വ	◌്	◌ി	ജ	ഴ	ല
ല	◌ാ	വ	◌്	◌്	യ	ഡ	ഴ	ൾ	ശ	ന	ക	ഡ	ഫ	ശ	ഫ
ഉ	ഫ	വ	ണ	ട	എ	പ	ൽ	ഷ	പ	ൻ	◌്	ദ	അ	അ	ഴ
ച	ട	ൽ	◌ി	ർ	ൽ	ര	ൾ	ആ	വ	ൾ	ക	ശ	എ	ച	സ
അ	ഹ	ൻ	ഖ	ല	ഖ	ജ	ൻ	ച	വ	ഹ	◌്	ക	ണ	ത	പ
ഭ	◌ാ	വ	◌ി	ത	◌ൈ	ത	◌്	ര	◌േ	ന	ള	◌ം	ൻ	ഫ	ള

വാർഷിക
മുമ്പ്
കലണ്ടർ
നൂറ്റാണ്ട്
ക്ലോക്ക്
ദിവസം
ദശകം
നേരത്തെ
ഭാവി
മണിക്കൂർ
മിനിറ്റ്
മാസം
രാവിലെ
രാത്രി
ഉച്ചയ്ക്ക്
ഇപ്പോൾ
ഉടൻ
ഇന്ന്
ആഴ്ച
വർഷം

42 - Buildings

ഉ	ത	ല	ഷ	ഴ	ദ	വ	ര	ഖ	വ	ത	ഷ	ജ	ഗ	എ	ഡ
ർ	റ	റ	◌്	യ	◌േ	◌ി	ത	ദ	◌ീ	ക	ഡ	ത	ജ	◌ം	ത
വ	ക	ച	ണ	ന	വ	ദ	ല	ൻ	ട	ൻ	◌്ര	ജ	ങ	ബ	ട
ട	സ	◌ി	ന	◌ി	മ	◌്	യ	ബ	◌്	ദ	ല	ട	എ	സ	ഖ
മ	ൻ	ര	ൽ	ഷ	അ	യ	ഖ	◌ി	◌്ര	ൻ	ന	ൽ	◌്	◌ി	ച
ജ	◌്	ര	◌േ	◌ാ	ഗ	◌ാ	ട	◌ാ	ഡ	റ	ശ	റ	ഷ	ട	ല
ങ	ഫ	യ	ങ	ദ	ള	ല	ൽ	ക	ഫ	എ	ട	റ	ര	ദ	ശ
ര	◌ാ	ബ	◌ൂ	വ	ഉ	യ	ൻ	എ	ര	പ	◌ു	◌്	പ	ള	ക
ല	◌ം	ഹ	എ	സ	ര	◌ം	ട	◌ാ	◌ൂ	ക	ഖ	സ	ട	സ	ള
അ	ര	യ	ഖ	ര	◌ി	ത	◌്	പ	◌ു	ശ	ആ	◌്	ത	റ	പ
ഹ	◌്ര	ട	◌്	ട	ൽ	യ	ൻ	ഉ	ൾ	ഖ	ല	◌്ര	സ	◌ി	◌ി
പ	ഴ	ഹ	ഹ	എ	യ	ഴ	◌ം	അ	ജ	ഗ	ച	ഹ	ജ	ട	ഡ
സ	◌്	റ	◌്	റ	◌േ	ഡ	◌ി	യ	◌ം	ജ	ക	ഖ	ക	ക	ഴ
ഒ	ബ	◌്	സ	ർ	വ	◌േ	റ	◌്	റ	റ	◌ി	ദ	ആ	◌്	ര
എ	ച	ൾ	ട	ഡ	ൽ	ഖ	ര	ര	ണ	സ	പ	ഖ	ൾ	◌ാ	പ
വ	ജ	ഴ	ഫ	എ	ബ	ത	ള	ദ	ഫ	ര	ങ	ആ	യ	ഫ	ഗ

കളപ്പുര
കാബിൻ
കോട്ട
സിനിമ
എംബസി
ഫാക്ടറി
ഫാം
ഗാരേജ്
ആശുപത്രി
ഹോസ്റ്റൽ
ഹോട്ടൽ
വീട്
ലബോറട്ടറി
മ്യൂസിയം
ഒബ്സർവേറ്ററി
വിദ്യാലയം
സ്റ്റേഡിയം
കൂടാരം
തീയേറ്റർ
ടവർ

43 - Gardening

ബ വ എ ന ആ ല ഗ ക ഷ എ ക ഹ സ ൾ സ എ

◌െ ◌ൈ ◌ി ഷ ത ആ ത ല ഷ ര ള ണഃ ◌ൈങ ദ സ ക

ട ത യ ൽ യ ഉ ബ ൽ ങ ച ◌് സ സ അ ◌് ◌്

◌് ◌് ങ ണ ഷ ങ ഹ എ യ ദ ട ◌് ജ ഗ യ സ

ട ത ഥ സ ◌് വ ല ◌ാ ◌ാ ക ◌െ സ ൾ ഈ ജഃ ◌ാ

◌ാ ◌ു ള ◌ീ ◌് വ പ ൽ ഗ ഉ യ വ ൾ ർ ◌ാ ട

ണ ക എ സ ക പ ഹ ◌ൂ ഴ യ ◌് ഇ ല പ ല ◌്

◌ി ൾ ട ഴ ഭ ◌ം ◌ീ ഴ ച ഖ ന ണ ൾ ◌് ങ ട

ക ൾ ഹ ബ ഖ ഷ ഫ ഷ അ ◌് ർ ഹ സ പ ◌് ◌ി

◌് ഡ ള ◌ം ള ◌് ◌െ വ ◌ീ ച ച എ ണ ◌ം ങ ക

ക ൾ ൽ ത ൾ ◌ു ഷ ൻ ദ സ അ ◌െ ഴ ൻ ള ◌്

ൽ സ ത ള എ പ ഷ ◌് ◌ു പ ◌് ശ ണ ഡ ◌ി വ

അ ഴ ◌ു ക ◌് ക ◌് തഃ ◌ൈട ◌് ട ◌ം ◌് ൽ ജ

ക മ ◌് പഃ ◌ൈസ ◌് റ ◌് റ ◌് ഖ ര ല ട വ

യ ദ അ ച വ ക ഹ ഴ ള ദ ങ ഴ ബ ദ വ ◌്

മ ണ ◌് ണ ◌് വ ശ ഴ ല ഴ ഉ ൾ ട ഗ വ ഖ

പുഷ്പം
ബൊട്ടാണിക്കൽ
പൂച്ചെണ്ട്
കാലാവസ്ഥ
കമ്പോസ്റ്റ്
കണ്ടെയ്നർ
അഴുക്ക്
ഭക്ഷ്യ
എക്സോട്ടിക്
പുഷ്പ

സസ്യജാലങ്ങളിൽ
ഹോസ്
ഇല
ഈർപ്പം
തോട്ടം
സീസണൽ
വിത്തുകൾ
മണ്ണ്
സ്പീഷീസ്
വെള്ളം

44 - Herbalism

ഡ	പ	ള	ൽ	ൻ	ണ	ട	ബ	യ	ശ	പ	ആ	ച	പ	യ	പ
ഖ	ല	◌ു	എ	ൽ	സ	ൾ	ട	ഗ	ത	ച	ജ	ഘ	◌ാ	ട	◌െ
ങ	ബ	ല	ത	സ	ട	ശ	അ	ക	ബ	◌്	ശ	ട	ച	ഖ	ര
വ	ശ	ര	ങ	◌ി	ആ	ള	ട	ദ	ര	ച	ബ	ക	ക	ശ	◌ു
◌െ	ര	ങ	ര	◌േ	നഃ	◌്ര	ഗ	◌ാ	◌ി	റ	ഒ	◌ം	ള	ശ	◌ം
ള	ൻ	ആ	ഗ	ബ	ക	ണ	ൾ	ഡ	ൾ	ട	യ	ഗ	ന	ന	ജ
◌ു	ഷ	ൾ	ക	ഉ	◌്	പ	ഴ	ജ	ര	സ	◌ം	ഖ	അ	ഡ	◌ീ
ത	ഹ	ക	ൻ	ജ	റ	പ	◌ൂ	വ	◌്	ണ	ര	ട	റ	യ	ര
◌്	ന	ഡ	◌ു	ശ	◌ി	ദ	പ	ശ	ച	ക	ല	വ	◌്	വ	ക
ത	◌്	ഴ	ദ	ങ	റ	ണ	വ	ണ	എ	ല	ള	ങ	നഃ	◌്ര	◌ം
◌ു	ഗ	◌ു	ണ	◌ം	◌്	ല	◌ാ	വ	◌െ	ൻ	ഡ	ർ	◌്	ണ	ത
ള)	◌്ര	എ	ര	ണ	മ	ക	ഴ	സ	ത	ഴ	സ	ഖ	ല	◌ാ	ജ
◌്	ര	യ	ആ	ഷ	◌ാ	പ	◌ു	ബ	ൽ	ഫ	അ	ഖ	◌ാ	◌ാ	ന
ള	◌്	ആ	ര	ഗഃ	◌്ര	എ	ല	മ	◌്	ര	ജ)	◌്ര	◌്	ര	മ
◌ി	ര	വ	ട	ഷ	ര	ള	പ	ണ	◌ം	ദ	സ	ര	പ	ആ	വ
ൻ	ത	ല	ഖ	പ	ആ	റഃ	◌്ര	സ	◌്	മ	◌േ	ര	◌ി	ബ	ര

ആരോമാറ്റിക്
ബേസിൽ
ഗുണം
പാചക
പെരുംജീരകം
രസം
പൂവ്
തോട്ടം
വെളുത്തുള്ളി
പച്ച

ഘടകം
ലാവെൻഡർ
മര്ജൊരമ്
പുതിന
ഒറിഗാനോ
ആരാണാവോ
പ്ലാന്റ്
റോസ്മേരി
കുങ്കുമം
തര്രഗൊന്

45 - Vehicles

പ പ ൻ യ യ ച ദ വ ട റ ◌ി ◌െ ഫ ള ബ ന
ആ പ ബ ന വ ങ ഡ ള ◌ം ◌് ൽ ൽ ആ ൽ ഹ ട
ജ ശ ച സ ഗ ഡ ൻ ◌് ങ റ ര ൽ ച ൻ അ ◌ാ
ന ദ വ ◌േ ◌് ബ സ ള ◌ാ ◌് അ ◌ാ ൾ ച ങ ക
ഹ ഫ യ പ ഗ ഷ ങ ◌ം ◌് ക ന ഹ ക ◌ി ശ ◌്
ആ ◌ം ബ ◌ു ല ൻ സ ◌് ങ ക ◌് ◌ൈ ◌ി ◌് ബ സ
സ ങ ങ എ ട വ പ ട ച ◌് ത ല ക ഞ ട ◌ി
ല ◌് ൾ ഉ ട ര ഹ ◌് ഉ ഃ◌്ര ർ ◌ി ◌് എ സ ർ
ആ ൻ ക ദ ള ◌ാ ബ ര ൻ റ വ കാ◌െ ദ ഫ ട
അ ത ◌ു ◌ൂ ഉ ക പ ക ഉ ട ◌ാ ഃ◌്രസ ൾ ദ ഃ◌ാ
ല ഡ റ ശ ട ആ ല ◌് ന യ ഹ പ ഉ പ ഹ ട
ഹ ഡ യ ഡ ഫ ◌് വ ക ◌ം ന ◌ി ◌് ന ള യ ◌്
ള ഹ ട ക ൽ ഫ ട ◌് മ ഗ ന റ ഗ ണ ബ ഃ◌ാ
സ ന ൽ ഉ ൻ ഫ ആ ർ ◌ാ ക ◌ി ◌് ത ഹ ട മ
ജ അ ഫ ജ ദ ഴ ച ഗ ◌ി ഡ ൻ റ ആ ഴ സ ല
ഗ ഖ ച ശ എ വ ര ച വ ഉ ആ ർ ക ണ ഗ ബ

വിമാനം
ആംബുലൻസ്
സൈക്കിൾ
വള്ളം
ബസ്
കാർ
കാരവൻ
എഞ്ചിൻ
ഫെറി
ഹെലികോപ്റ്റർ
മോട്ടോർ
ചങ്ങാടം
റോക്കറ്റ്
സ്കൂട്ടർ
അന്തർവാഹിനി
സബ്വേ
ടാക്സി
ടയറുകൾ
ട്രാക്ടർ
ട്രക്ക്

46 - Health and Wellness #1

ഫ ആ ശ ഫ ദ ണ ഖ ട പ ല സ പ ൾ ഉ ല ഫ
അ ഡ ◌ോ ക ◌് ട ർ പ ◌േ ള ഡ ള ശ ൽ ര ണ
സ ഫ ◌ാ ർ മ സ ◌ി ശ ശ ള ങ ഡ ഉ ബ ഖ ട
◌് വ എ ക ര ഫ ങ വ ◌ി ക ങ ശ ശ ൾ ക ഗ
ഥ ഡ ൻ ആ ഫ ൾ ഖ ഖ ക ◌് ന ◌ി ല ◌ി ◌് ക
◌ി ൻ ജ ന ശ ജ ൻ ൻ ൾ ക പ ◌ു ◌് മ ര ഞ
ക ഴ ബ അ ക ◌ീ ൾ ന ൽ ഖ ഴ ങ സ ശ ൻ ദ
ൾ ച ◌ാ ജ ന സ ല സ ജ ◌ീ വ ◌ം ൻ ഗ ഷ ള
ക വ ക ൻ ങ ത ആ ◌ം ഖ വ ◌് ◌ി ട ഒ ൻ പ
ണ ഷ ◌് ത സ ◌് ◌ൊ ര ദ ◌ി ഫ ങ ന ഗ ൾ അ
◌ു ക ട ആ ൾ ക ശ ല ക ശ ഡ ജ ഫ അ ക സ
മ ◌ം ◌ീ ഗ ആ ◌ി ജ പ ◌ി പ ◌് റ ◌ാ ◌െ ത ◌്
◌ോ അ ര അ സ ◌ി സ ◌് ക ◌് ല ◌െ ഫ ◌് ◌ി റ
ർ അ ◌ി യ ഴ ച ബ വ ശ പ ച ന ൽ ത ആ ◌െ
◌ോ ശ യ ഗ ഉ എ ബ ള ന ◌് ന ◌് ◌ു ര മ വ
ഹ അ ദ ല ഹ വ വ ഇ ഖ ല ഖ എ എ ശ ന ര

സജീവം
ബാക്ടീരിയ
അസ്ഥികൾ
ക്ലിനിക്
ഡോക്ടർ
ഒടിവ്
ശീലം
ഉയരം
ഹോർമോണുകൾ
വിശപ്പ്
മരുന്ന്
പേശികൾ
ഞരമ്പുകൾ
ഫാർമസി
റിഫ്ലെക്സ്
ഇളവ്
തൊലി
തെറാപ്പി
ചികിത്സ
വൈറസ്

47 - Town

ബ ങ വ സ വ ◌ി ദ ◌് യ ◌ാ ല യ ◌ം മ ക അ
യ ന റ ◌ി ക ക ◌് ◌േ ബ ങ ക ◌് ങ ◌് ◌ാ ബ
ക ജ ണ മ മ ഗ ഖ ഷ ള ങ ട ഫ ശ യ ഗ സ
പ ഉ ഹ ർ ങ ◌ാ ര ഉ ൽ ബ ങ പ ഢ ◌ൂ സ പ
ശ ഢ ആ ◌ാ ബ ൻ ന യ ട ൾ വ ൽ ശ സ ◌് ◌ു
ട ദ ഫ ഫ ദ ട ഷ ത ട ഗ വ ണ ച ◌ി റ സ
ര ന ര ആ ദ ർ റ റ ◌് യ ◌േ ◌ി ത യ ◌് ◌്
ണ ഉ ച ക ൻ ന ൽ ഋ ◌ൃ ത ച പ ൽ ◌ം റ ത
ദ സ ന ൾ ◌് ഉ ള ട ഹ ല ◌ാ ◌ി ന ജ ◌േ ക
ഹ അ ഖ ജ ഹ ല ല വ ബ കാ ◌െ വ ശ ഴ ഢ ശ
ഗ ഴ ജ സ ണ ൾ ◌ി ദ ജ ച ഉ ബ ള ഴ ◌ി ◌ാ
◌ാ പ ഉ ണ അ യ ക ന ല ശ ഖ ബ ◌് ◌ം യ ല
ല ശ ◌ാ ഗ ◌ൃ മ ത അ ◌ി ജ സ അ ഷ ര ◌ം ശ
റ ഫ സ അ ഹ ല ങ ഷ ങ ക ആ പ സ പ റ ൻ
◌ി ന റ ◌് ന ◌് റ റഃ ◌ൃ റ ◌് സ ◌് ◌െ റ ◌ി
സ ◌ി ന ◌ി മ ണ ഢ ഫ സ ല ◌ൂ ൺ ഹ ൽ അ ഷ

വിമാനത്താവളം
ബേക്കറി
ബാങ്ക്
പുസ്തകശാല
സിനിമ
ക്ലിനിക്
സലൂൺ
ഗാലറി
ഹോട്ടൽ
ലൈബ്രറി
വിപണി
മ്യൂസിയം
ഫാർമസി
റെസ്റ്റോറന്റ്
വിദ്യാലയം
സ്റ്റേഡിയം
കട
തിയേറ്റർ
മൃഗശാല

48 - Antarctica

മ ഹ ഫ ള ജ ല അ ഴ ച ല ബ ഖ യ ഹ പ ഭ
ഉ ◌േ ബ ക അ പ ണ ച ര ആ ന ആ ഫ ◌ി ര ◌ൂ
ൾ ട ഘ അ ആ ൾ ക പ ◌ു വ ◌ീ ◌് ദ മ ◌് മ
ക വ ◌്ര ങ ഡ ◌ം ണ ◌് ഖ ◌ൂ ഭ ഹ ഗ ◌ാ യ ◌ി
◌് ◌െ ങ പ ◌് ൻ ൻ ക ഷ ◌േ വ ഗ ഉ ന വ ശ
ക ള ൾ ൻ ◌് ങ ശ ആ സ ◌ി ണ യ മ ◌ി ◌േ ◌ാ
ട ◌് ക ഹ സ പ ൾ ന ബ ൾ ക ദ ◌ാ ◌െ ൾ ഷ സ
ൽ ള ശ ആ ◌ാ എ വ ◌്ര ത ഗ ള ശ ൾ ഗ യ ണ ◌്
ശ ◌ം ള ൻ ഴ ല ആ ഗ ഹ അ ല ഹ ◌് അ ◌ം ത
ൽ ഗ ല ത ◌ി ഥ ◌ി സ ◌് ◌ി ര പ ര ര അ ◌്
അ ക ശ ഡ ല ഡ എ ണ ൽ ര ഡ ഉ ◌േ സ ഫ ര
ഹ ◌ി മ ◌ാ ന ◌ി ക ൾ ൻ ള ◌ാ ത ഷ ല ശ ◌ം
ന ക ക ള ◌ി ജ ണ ല ങ ല ൾ ഫ ൻ എ ഖ ജ
ട ◌് അ ന പ ഴ ഖ ന യ അ ൻ ജ ◌ി ബ ൾ യ
ഗ ◌്ര ങ ര ◌ാ ശ ◌ാ സ ◌് ത ◌് ര ◌ീ യ ഗ ഖ
ഗ റ യ ഉ ത സ ◌ം ര ക ◌് ഷ ണ ◌ം ഫ ൾ ര

ബേ
പക്ഷികൾ
മേഘങ്ങൾ
സംരക്ഷണം
ഭൂഖണ്ഡം
ഉൾക്കടൽ
പരിസ്ഥിതി
പര്യവേഷണം
ഭൂമിശാസ്ത്രം
ഹിമാനികൾ
ഐസ്
ദ്വീപുകൾ
മൈഗ്രേഷൻ
ഹിമാനി
ഗവേഷകൻ
റോക്കി
ശാസ്ത്രീയ
താപനില
ടോപ്പോഗ്രാഫി
വെള്ളം

49 - Fashion

പ ◌് ര ◌ാ യ ◌ോ ഗ ◌ി ക വ ഹ ഖ ൻ ഫ പ ബ
ച ഹ ട ൽ ക ശ ത പ ർ ച സ ◌് ക ◌് ◌െ ട
എ ശ ഖ ന ന ◌് വ ◌ു ങ ◌ാ ങ ◌് ◌ാ ത ൽ ഖ
ൾ ◌ം അ ള വ ◌ു ക ൾ അ പ എ ക ത ക ത ര
ആ ള ബ ആ ൽ ഹ സ ഗ ൾ ക ണ ◌ു ട ◌് ട ബ
ൻ ള ള ◌് യ ◌ു മ ◌ി ള എ ന ◌ാ ട ര ര ണ
യ മ ◌ാ ദ ര പ ◌് ഖ ◌ു സ ഴ ഉ ഴ ◌ി ന ◌ം
റ ജ ഖ ഫ ബ ◌ോ ക ◌് ട ◌ി ട ◌് ◌ോ ബ യ ട
◌ി ണ ഴ ഗ ൻ ല യ ശ ◌ൈ ല ◌ി ക ബ ◌് അ ◌്
വ ആ ധ ◌ു ന ◌ി ക ◌ി ല ള ◌ി ത മ ◌ാ യ ര
◌േ വ ഫ ഉ ൾ ഴ ഴ ഫ ഡ ണ ച ◌ൃ ◌് ഫ ന ◌െ
ല ഷ ഹ ഗ ള ഗ അ ശ യ റ വ ◌ാ ണ ത ആ ൻ
◌െ ൾ ഗ ച സ ഫ ച സ ന ഖ ◌ി മ ണ ൾ ട ഡ
ച ച ള ഫ ഖ ജ ഴ ൻ ഹ വ ൽ ഉ ത ണ ന ◌്
ട ഷ ഒ റ ◌ി ജ ◌ി ന ൽ പ അ ഖ സ ദ വ ള
ൾ ഖ ത ശ ല ൾ ഡ ഖ സ സ സ ഫ പ ജ ന ഡ

താങ്ങാവുന്ന
ബോട്ടിക്
ബട്ടണുകൾ
വസ്ത്രം
സുഖപ്രദമായ
ത്ത
എംബ്രോയിഡറി
ചെലവേറിയ
ഫാബ്രിക്
നാട
അളവുകൾ
ലളിതമായ
ആധുനിക
എളിമയുള്ള
ഒറിജിനൽ
മാതൃക
പ്രായോഗിക
ശൈലി
ടെക്സ്ചർ
ട്രെൻഡ്

50 - Human Body

മ	◌ു	ഖ	◌ം	ക	അ	ള	മ	ഡ	ള	ഗ	ന	ല	ട	യ	ല
ഗ	എ	ഗ	ന	സ	ജ	ണ	◌ു	ഷ	പ	അ	എ	ഫ	ഖ	എ	അ
ക	ൾ	ഉ	ൾ	ല	ങ	ന	ട	ദ	ദ	ണ	പ	ദ	ണ	ങ	ള
ആ	ൻ	ഹ	ച	ഫ	ങ	ൽ	◌്	ൽ	ശ	യ	◌ം	ദ	◌ൃ	ഹ	ജ
വ	◌ി	ര	ൽ	ഷ	വ	ൾ	ട	ബ	ഡ	◌ി	ദ	പ	ങ	ത	ആ
എ	ച	ൽ	ഗ	ത	ല	ആ	◌ു	ഡ	ക	ൽ	അ	ക	ഫ	ക	ഖ
ക	ഴ	◌ു	ത	◌്	ത	◌്	ക	ബ	ണ	◌്	ഗ	ള	ൾ	ര	യ
എ	ഗ	ഗ	വ	◌ി	◌െ	ച	◌ു	പ	ങ	ഗ	ക	ട	ല	ഉ	ണ
ഖ	ഡ	ല	അ	യ	ഉ	ല	ത	ൻ	◌്	ദ	ട	◌്	ല	ര	ഡ
ക	ൻ	പ	ഷ	ദ	അ	◌ി	◌്	ല	ക	ഡ	അ	ട	◌ൂ	ബ	ൻ
ള	ബ	ക	ണ	ഗ	ഹ	◌ൊ	ത	ൽ	◌ാ	ണ	ൽ	◌്	ൾ	മ	ഫ
ത	ര	ൻ	ച	ഗ	ദ	ത	◌ി	ഹ	ൽ	ഖ	അ	മ	ഡ	ബ	ക
ല	◌േ	യ	ശ	പ	എ	◌ം	യ	ജ	ങ	ല	ൻ	◌ു	ഷ	ൻ	◌ൊ
ഉ	ഹ	◌ാ	ബ	◌ു	ദ	◌്	ധ	◌ി	ച	ജ	പ	◌ൊ	ൽ	ഹ	ഷ
ഴ	ദ	വ	ൾ	ൽ	ൾ	ക	ഥ	◌ി	◌്	സ	അ	ക	ല	ങ	അ
ര	വ	ഗ	ദ	ജ	അ	ര	പ	ച	ച	ൾ	ര	ന	വ	പ	യ

കണങ്കാൽ
രക്തം
അസ്ഥികൾ
ബുദ്ധി
ചിൻ
ചെവി
കൈമുട്ട്
മുഖം
വിരൽ
കൈ

തല
ഹൃദയം
അണയിൽ
മുട്ടുകുത്തി
ലെഗ്
വായ
കഴുത്ത്
മൂക്ക്
തോൾ
തൊലി

51 - Fruit

എ പ എ ത ൽ ണ ഗ ട ക ർ ഉ ത ച ശ ണ ജ
ഹ ത ◌ീ ൽ ഴ ച ല ണ അ യ ഖ എ ഗ ള ബ ന
ട ൻ ഫ ച ൽ ആ ര ◌ി ത ◌ി ന ◌് ◌ു മ ആ ന
ണ എ ന ദ ◌് ക ള ഷ ◌് പ പ ◌് പ ◌ാ യ സ
ൾ ന ഖ ഷ ൾ ച ത സ ത ര ള ക ക ള ൽ ന
ജ പ പ ണ ഖ ൽ ◌് ൾ ◌ി ത പ യ ഹ ◌ി ച ◌െ
ഹ ദ ഹ ള ഴ ഴ ക ര പ റ ങ ഹ അ റ വ ര
ഷ ച ൾ ഷ ദ പ ◌ാ ◌െ ൻ ◌് ◌ി ങ ര യ ◌ാ അ ◌ി
ന ◌ാ ര ങ ◌് ങ ത ഴ പ ◌െ ◌് ബ ന സ ല ത
ങ ആ ഖ സ ഫ ഫ ച ച ഴ ബ ◌ാ പ ഫ ◌് വ ച
ഫ ൽ പ ഗ ച ൾ ◌് ശ ◌ം വ മ ഫ ആ ബ ൾ ◌്
ഖ എ ഴ ഫ ബ ഉ ച ഖ ങ വ ഖ സ ച ◌െ എ ◌െ
സ ച ന ഗ ര ◌ം ക ◌േ ള ◌ി ◌ാ ന ◌െ റ ആ ന
ക ള ഴ ◌ം പ പ ◌് ഴ ◌ാ വ ഉ ത റ ◌ി ശ ര
ങ ഹ ഡ ◌ോ ക ◌ാ ക ◌് ◌ോ വ അ ന ◌ി ഉ ഹ ൾ
ഫ അ ആ ശ ഴ പ ◌േ ര യ ◌് ക ◌് ക ബ ട ച

ആപ്പിൾ
അവോക്കാഡോ
വാഴപ്പഴം
ബെറി
ചെറി
നാളികേരം
അത്തിപ്പഴം
മുന്തിരി
പേരയ്ക്ക

കിവി
നാരങ്ങ
മാങ്ങ
നെച്ചൂരിനെ
പപ്പായ
പീച്ച്
പിയർ
കൈതച്ചക്ക
റാസ്ബെറി

52 - Virtues #1

പ ക സ ന ട പ അ ഫ സ ആ ങ ക ഗ ട ൻ വ
വ ൗ ഹ ി ക ് ന ു ് ന ഖ ല ഉ ജ യ ഉ
െ ത ാ ർ ള ര ബ ശ വ ൾ ശ ാ ല ഗ ക വ
ട ു യ ണ്ണ ബ ാ ഷ പ ത ൽ ട പ യ ജ യ ഖ
ി ക ക ് ു യ ള ര ന പ സ ര മ ൻ യ ഫ
പ ക ര ണ ദ ്ര ന ്ര ് എ ം മ ാ യ ാ ര
് ര മ ാ ് ഗ ല ഗ ത ജ വ ാ ന ള ല യ
പ മ ാ യ ധ ി ് ി ് ങ ാ യ ധ ള ി ൻ
ു ാ യ ക ി ക ല പ ര അ ശ ല ീ ള ശ ഢ
ള യ ഖ ം യ മ ാ മ ഷ ക ് യ ര ് ാ ക
് മ ആ ങ ു ത മ ാ ശ സ വ ഫ ാ യ ന ട
ള ാ ആ ള ള വാെസ ് ന ി ഷ ക ു ാ ദ
ഹ ര ആ ഗ ് ഴ ട ട ബ ദ മ ഖ ാ മ വ ദ
ഴ ാ ൾ യ ള ഫ ഖ ച ക ഹ ് ബ ി ി ാ ഗ
സ ദ ഹ അ യ ഫ അ ല ക യ ത ന വ ള ഭ സ
ട ഉ ന ഹ സ ള ട സ ര ട ആ ഫ ട എ ങ ശ

കലാപരമായ
നു
വെടിപ്പുള്ള
ആത്മവിശ്വാസം
കൗതുകകരമായ
നിർണ്ണായകം
കാര്യക്ഷമമായ
തമാശ
ഉദാരമായ
നല്ല
സഹായകരമായ
ഭാവനാശാലിയായ
സ്വതന്ത്ര
ബുദ്ധിയുള്ള
എളിമയുള്ള
വികാരാധീനമായ
രോഗി
പ്രായോഗിക
വൈസ്

53 - Engineering

ര	ജ	ള	ങ	ജ	ര	വ	ര	ൽ	എ	ഞ	◌്	ച	◌ി	ൻ	പ
യ	ന	◌്	ത	◌്	ര	◌ം	യ	ൽ	ഴ	ഉ	ന	പ	ൻ	ൾ	ജ
ശ	വ	◌്	യ	◌ാ	സ	◌ം	ഗ	ബ	ഫ	ഫ	ഫ	ൽ	ണ	ജ	പ
ശ	ക	ഹ	ഴ	അ	ര	േ◌	ഖ	◌ാ	ച	◌ി	ത	◌്	ര	◌ം	◌്
ൽ	ട	◌്	ണ	◌്	ത	ച	◌ു	◌്	ച	അ	ച	വ	ശ	◌്	ര
ട	ണ	ള	ത	ഫ	ര	ണ	ൽ	ൾ	ക	◌ു	വ	ള	അ	ര	െ◌ാ
ട	സ	ന	ത	◌ി	ഥ	ൽ	ക	ത	ആ	ച	ത	അ	ദ	ഊ	പ
◌്	ഡ	◌ീ	സ	ൽ	◌ി	ണ	ഹ	ഉ	ദ	ഴ	ണ	ണ	◌്	ച	◌്
ക	ർ	ട	ഃ◌(	ട	◌്	ഃ◌(	മ	അ	ത	ഉ	◌ം	ഖ	ര	ഉ	പ
◌ൂ	ഴ	വ	പ	ഷ	സ	ഡ	ശ	ത	ജ	ൾ	മ	അ	◌ാ	ച	ൽ
ക	ഗ	ഹ	ഗ	ട	ള	ഗ	ദ	ഡ	യ	ൽ	◌ാ	ര	വ	ങ	ഷ
◌ു	േ◌	ഫ	ന	ണ	ല	ര	ല	ഷ	ക	ട	മ	അ	ക	ഗ	ൻ
◌്	ഴ	◌ാ	ദ	സ	ട	ബ	ഗ	വ	ങ	യ	◌്	യ	സ	ൽ	ഷ
ക	യ	ൾ	ൻ	ണ	ഷ	ഫ	ള	ജ	അ	അ	ർ	ൽ	ൾ	ങ	ആ
ണ	◌ം	ര	ത	◌ി	വ	ഴ	ര	സ	ഡ	ഡ	◌ി	ന	ല	ങ	ശ
ക	ര	ദ	ഹ	ത	ൽ	ന	ൻ	ആ	ബ	ബ	ന	ട	ഘ	ച	യ

കോൺ
അച്ചുതണ്ട്
കണക്കുകൂട്ടൽ
നിർമ്മാണം
ആഴം
രേഖാചിത്രം
വ്യാസം
ഡീസൽ
അളവുകൾ
വിതരണം
ഊർജ്ജം
എഞ്ചിൻ
ദ്രാവക
യന്ത്രം
അളവ്
മോട്ടോർ
പ്രൊപ്പൽഷൻ
സ്ഥിരത
ശക്തി
ഘടന

54 - Government

ഖ ന പ ള ജ ച ർ ച ◌് ച എ ദ ല അ സ സ
ൽ ട ത ന ◌ി യ മ ◌ം ള ള ദ ഉ യ ഫ മ സ
ഹ ഡ ഫ സ ◌ം സ ◌് ഥ ◌ാ ന ◌ം ണ ജ ണ ◌ാ ◌്
ജ ന ◌ാ ധ ◌ി പ ത ◌് യ ◌ം വ യ ല ബ ധ വ
സ പ ഷ ഴ ഉ യ ച പ ◌് ര സ ◌ം ഗ ◌ം ◌ാ ◌ാ
യ ◌് ണ ൻ ഹ ദ ◌ി ന ട ഘ ണ ര ഭ പ ന ത
ഗ പ മ ണ ഗ ള ഹ ഹ ജ ഫ ള ◌ീ ൽ ◌ൗ പ ന
വ ◌് ത ◌ാ ◌േ ന ◌് ജ സ ദ അ ട സ ര ര ◌്
◌ം ജ ◌ി ഉ ര ഉ ന ◌ു ക അ ശ ◌് ന ത മ ത
◌് ◌ി ◌ീ സ ഉ ക ◌ം ഡ ഖ ൽ ൽ ഷ ത ◌് ◌ാ ◌്
ത യ ന ഫ ൻ എ ◌ം ◌ീ ജ ല ശ ◌് ഗ വ യ ര
മ ഃ ◌്ര ജ ◌ി ല ◌് ല ഷ ള ◌ാ ഴ ◌ാ പ ◌ം ക ◌്
സ ◌ി ല ൾ ര ഴ വ ◌് സ ണ ത ര ബ എ ണ യ
ദ വ ഉ ങ ൻ പ സ യ ജ ആ ൽ ◌ി പ ദ ൾ ◌ം
ഡ ച ത ച ഖ ബ ഗ ൽ വ ◌ി ◌ി സ ര ഡ ഴ സ
ഗ ത ഖ ണ ല ര ൻ ങ ഉ ഷ ഫ ഫ ഗ ഉ ആ ല

പൗരത്വം
സിവിൽ
ഭരണഘടന
ജനാധിപത്യം
ചർച്ച
വിയോജിപ്പ്
ജില്ല
സമത്വം
ജുഡീഷ്യൽ
നീതി
നിയമം
നേതാവ്
സ്വാതന്ത്ര്യം
സ്മാരകം
ജാതി
സമാധാനപരമായ
രാഷ്ട്രീയം
പ്രസംഗം
സംസ്ഥാനം
ചിഹ്നം

55 - Art Supplies

സ	ഷ	ൽ	ണ	ഖ	വ	യ	ശ	പ	ശ	ആ	ന	എ	ത	എ	ന
ർ	സ	◌േ	റ	ഇ	ട	ഫ	പ	ൻ	ങ	ത	ഴ	ഡ	ഷ	ഷ	◌ി
ഗ	പ	ൾ	ണ	ക	ങ	ഖ	ര	ണ	ൽ	ൻ	ര	വ	ആ	സ	റ
◌്	◌േ	ൽ	വ	ഹ	ണ	ത	◌േ	ള	ത	ഹ	സ	ക	ര	◌്	ങ
ഗ	പ	പ	ഷ	ര	വ	ൽ	സ	ഈ	ഉ	ന	ജ	ഹ	യ	ര	◌്
◌ാ	◌്	ഫ	ഖ	പ	ന	ള	ക	ള	◌ി	മ	ണ	◌്	ണ	◌്	ങ
ത	പ	പ	ഫ	ങ	ൾ	ഉ	◌ം	ബ	ര	ക	◌്	ബ	പ	ല	ൾ
◌്	ർ	ഹ	ര	ഴ	ഴ	ജ	സ	ള	ക	വ	ണ	◌്	◌ൊ	◌്ര	ഉ
മ	ൾ	ആ	എ	ൻ	ഉ	ട	ല	ആ	◌്	ൽ	എ	ര	ൻ	ച	ട
ക	ഡ	മ	ശ	◌േ	മ	ദ	ബ	ഉ	യ	◌െ	സ	ഷ	സാ	◌്ര	ആ
ത	യ	ഡ	ഷ	യ	ര	ച	ണ	ട	◌ാ	ക	വ	◌ു	◌ി	ര	ള
ല	ണ	പ	ശ	◌ി	ങ	ഴ	ള	വ	മ	ട	ന	ക	ല	◌്	ര
ന	ൾ	ബ	ഷ	ബ	ങ	◌്	എ	ന	റ	ന	വ	ൾ	◌ു	◌െ	ഷ
ഴ	ൻ	ഡ	ട	ക	ഡ	ഗ	ങ	ൽ	ഷ	യ	ഴ	ഗ	ക	ത	ത
ഫ	ൽ	ദ	ര	അ	എ	ൾ	ഗ	ൾ	ശ	ല	ശ	ണ	ൾ	വ	ൽ
ങ	ബ	ൽ	അ	ക	◌്	ര	◌ി	ല	◌ി	ക	◌്	ഖ	ഹ	ല	ത

അക്രിലിക്
ബ്രഷുകൾ
ക്യാമറ
കസേര
കരി
കളിമണ്ണ്
നിറങ്ങൾ
സർഗ്ഗാത്മകത
ഈസൽ
ഇറേസർ
പശ
ആശയങ്ങൾ
മഷി
എണ്ണ
പേപ്പർ
പെൻസിലുകൾ
മേശ
വെള്ളം
വതെർചൊലൊർസ്

56 - Science Fiction

ബ	റ	ബ	ങ	ഷ	വ	ൻ	സ	ട	ണ	ബ	ച	യ	യ	ഗ	ല
ഡ	◌ൈ	ൾ	ദ	ങ	ത	ൽ	◌ാ	ജ	എ	ര	ട	ഫ	മ	ച	ഡ
ണ	ബ	ൾ	എ	ൻ	ഫ	ത	ങ	ഗ	ട	ച	ഴ	ക	◌ാ	സ	ര
ശ	◌ൈ	ന	◌ം	ട	ഫ	◌ൈ	◌്	സ	പ	ൻ	ന	ആ	ഢ	ത	ജ
ഴ	ട	ല	ൾ	യ	ഴ	ഫ	ക	◌ു	ആ	ച	ൾ	ത	ഗ	ച	പ
ജ	◌്	ബ	ക	പ	ണ	ള	ൽ	ഴ	ട	അ	യ	ച	◌ൂ	ഫ	◌ു
ഉ	ട	ൾ	ക	◌ി	അ	ള	പ	ബ	ള	ക	മ	ന	◌ി	◌ി	സ
ട	◌ു	ക	◌്	റ	◌ി	റ	◌്	സ	◌്	റ	◌ാ	◌്	ന	ഫ	◌്
◌്	ക	◌ി	ത	◌ൈ	ആ	ഫ	പ	ന	◌ൈ	വ	ല	◌ു	ക	ൾ	ത
ട	ൾ	ക	◌ു	റ	റ	ൾ	◌ി	ഗ	ങ	ത	ൾ	സ	ട	ച	ക
◌ൈ	ഷ	◌്	സ	◌്	◌്	യ	ക	◌ാ	ബ	ര	ഫ	ഉ	അ	ഡ	ങ
പ	ൻ	◌ാ	◌്	സ	റ	ഗ	ബ	ല	സ	ന	ആ	ര	ച	സ	◌്
◌്	ങ	റ	വ	◌്	◌ം	◌്	വ	ക	ബ	എ	ൾ	ട	ത	അ	ങ
യ	ഉ	ഒ	സ	◌ി	ഗ	ര	ഗ	◌്	ല	◌േ	◌ാ	ക	◌ം	◌ീ	ൾ
ള	ജ	വ	◌ാ	ഡ	ഡ	ഹ	ഗ	സ	ത	ച	പ	ണ	ക	ങ	ഷ
ല	മ	◌ം	ര	◌്	ഭ	◌ം	ൽ	◌ി	സ	ആ	ഷ	ജ	ഉ	യ	ആ

ആറ്റം
പുസ്തകങ്ങൾ
രാസവസ്തുക്കൾ
സിനിമ
ഡിസ്റ്റോപിയ
സ്ഫോടനം
കടുത്ത
ഫന്റാസ്റ്റിക്
തീ
ഗാലക്സി
ഭ്രമം
സാങ്കൽപ്പിക
നിഗൂഢമായ
നോവലുകൾ
ഒറാക്കിൾ
ഗ്രഹം
റോബോട്ടുകൾ
ഉട്ടോപ്യ
ലോകം

57 - Geometry

സ ത എ ൽ ക മ ൽ ആ ത സ ഹ പ ഗ ഗ ത ൻ
ഉ ◌ി ഗ ട ർ ◌ാ ദ ദ ◌് മ ത ◌ി ക ◌് ◌ു യ
പ ◌ി ദ ട വ ന ന ണ ര വ ◌ി സ ഉ ഗ ജ ഡ
ര മ ഉ ◌് ◌് ◌ം ങ ൻ ◌ി ◌ാ ര ◌െ ബ ഡ ന ◌ി
◌ി മ ത ക ധ ൺ ള ഉ ക ക ശ ഗ ദ ഡ ഡ ◌ീ
ത സ പ ◌ൂ ഹ ◌ാ ത എഃ ◌ൃ ◌് ◌് ◌് പ ര ആ മ
ല സ ഡ ക ഡ ◌േ ന ഫ ണ യ ച മ അ ഗ വ വ
ത ർ ശ ◌ു ഖ ക ജ ◌് ◌ം ◌ം ◌ീ ◌െ ൽ ശ ര ബ
◌് ക അ ◌് ഴ ല ◌ു ള ത ച ന ന ജ ഉ ഷ ൾ
ത ◌് ക ക ബ ജ ഹ ട ◌ം ◌ം ൽ ◌് വ ദ ബ ച
◌ി ക ത ണ എ ങ ബ ട പ ര ആ റ ഖ ച ഡ സ
ൽ ◌ി ന ക ഫ ആ ല ക ◌ാ യ ത ◌് ൾ ൾ എ വ
ദ ൾ ൾ മ ഗ ദ ച യ ◌ു ഉ വ ◌് യ ◌ാ സ ◌ം
ബ ജ ശ ബ ◌് ര ◌ം ത ന ◌് ◌ാ മ സ ഡ ജ പ
എ ഉ അ യ യ പ ഖ ഉ അ ത ങ വ ണ ശ ഹ എ
വ ൻ ഗ ക ത ഷ ർ പ പ ഴ ൾ ഷ ഗ ബ ന സ

കോൺ
കണക്കുകൂട്ടൽ
സർക്കിൾ
കർവ്
വ്യാസം
മാനം
സമവാക്യം
ഉയരം
തിരശ്ചീന
യുക്തി
ബഹുജന
മീഡിയൻ
നമ്പർ
സമാന്തരം
അനുപാതം
സെഗ്മെന്റ്
ഉപരിതലത്തിൽ
സമമിതി
സിദ്ധാന്തം
ത്രികോണം

58 - Creativity

ഫ	ഉ	ഖ	ങ	ട	ഖ	ൾ	യ	ക	ത	ത	ച	ന	ല	എ	വ
ഹ	ക	ഷ	ള	സ	ഗ	എ	ട	സ	ഹ	ൾ	◌ി	ദ	ല	യ	◌ി
അ	ട	ഹ	ആ	യ	ഡ	ല	ൾ	വ	ത	ജ	ത	ല	ക	എ	ക
ച	പ	◌ൊ	ട	◌ു	ന	◌്	ന	ന	◌െ	ബ	◌്	ഢ	യ	ഹ	◌ാ
ൽ	ഡ	ച	ൽ	എ	ദ	ല	ധ	◌ാ	ര	ണ	ര	ശ	ഹ	ന	ര
ന	ര	ക	ര	ദ	യ	ർ	ശ	ള	ബ	ഗ	◌ം	അ	അ	ജ	ങ
സ	◌ം	വ	◌േ	ദ	ന	◌ം	ശ	ട	ബ	ത	ങ	വ	ന	ഴ	◌്
യ	മ	◌ാ	യ	ക	◌ീ	ട	◌ാ	ന	ര	ൻ	ണ	ബ	ആ	അ	ങ
ച	◌ൈ	ത	ന	◌്	യ	◌ം	പ	ക	ങ	ഷ	എ	◌ോ	ധ	പ	ൾ
ദ	ശ	ത	ര	വ	◌്	◌ീ	ത	ഴ	അ	◌്	ൽ	ധ	◌ി	◌്	ങ
അ	ഴ	ത	ക	ല	◌ാ	പ	ര	മ	◌ാ	യ	ങ	◌ം	ക	ര	◌്
ക	ൽ	ക	◌ി	◌്	സ	ഗ	ര	ഴ	ങ	ആ	ൻ	ൾ	◌ാ	ച	ങ
ൽ	ണ	◌്	ൻ	ൽ	ശ	ക	പ	ബ	ൽ	ൻ	ള	ൾ	ര	◌ോ	യ
ഗ	◌ം	യ	◌ോ	ര	◌്	പ	ദ	പ	സ	ഖ	സ	ഗ	◌ി	ദ	ശ
ക	ണ	◌്	ട	◌ു	പ	◌ി	ട	◌ു	ത	◌്	ത	◌ം	ക	ന	ആ
പ	ന	വ	◌ാ	ഭ	പ	ബ	ച	ഹ	പ	ഹ	ഉ	ഡ	ത	◌ം	പ

കലാപരമായ
ആധികാരികത
വ്യക്തത
നാടകീയമായ
വികാരങ്ങൾ
പദപ്രയോഗം
ആശയങ്ങൾ
ചിത്രം
ഭാവന
ധാരണ
പ്രചോദനം
തീവ്രത
അവബോധം
കണ്ടുപിടുത്തം
സംവേദനം
സ്കിൽ
പൊടുന്നനെ
ദർശനങ്ങൾ
ചൈതന്യം

59 - Airplanes

വ ഫ ഹ ഗ വ ക ന ഹ ാ ഡെ ◌് ര ജ ന ◌്
ഡ ക ഷ ക ൻ സ ാ െ ◌ി ഡ ബ ശ ഫ ഥ എ പ ഗ
ശ ഴ ശ ള ഖ ത സ ശ ർ ഷ ണ ള സ ഞ ാ െ ഉ
പ ◌ാ സ ഞ ◌് ച ർ ഗ യ മ ദ എ ◌് ◌് ല ഹ
ബ ള ദ ശ ക ല ദ ന എ ന ◌് ൻ വ ച റ ന
അ ല ര ◌ം ത ◌് ◌ി ര ച ങ സ മ ല ◌ി ◌് ൻ
ഫ ൻ ◌ൂ സ ◌ം വ ◌ി ധ ◌ാ ന ◌ം ഉ ◌ാ ൻ റ ഡ
ഫ ശ ◌് ൺ ല ൻ ഹ ൽ ന ഖ ൻ ണ ◌ാ ണ ◌് ങ
ഷ ത ക സ ◌ി ഹ ◌ാ സ ഴ സ ബ അ ക ട ◌ം ല
ആ ണ പ ദ അ ആ ഖ ന ഇ ന ◌് ധ ന ◌ം ഡ ◌ാ
ഷ ക അ ന ◌് ത ര ◌ീ ക ◌് ഷ ◌ം ക ഡ പ ൻ
ള ഗ ◌ാ ഡ ൻ ട ഉ ഖ ൽ ദ ള ള ഹ ര ങ ഡ
ട സ ച ശ ശ യ യ ഷ ക ബ ൽ ഹ ഴ ൻ എ ◌ി
ഖ ട ക സ ◌ം ത ര ല ൾ ഖ ശ ഫ എ ള ദ ◌ം
ട എ ദ ഹ യ ഗ ◌ം ഉ ബ ൾ ങ ങ ഉ ദ ൽ ഗ
പ ◌് ര ക ◌് ഷ ◌ു ബ ◌് ധ ത ങ ഫ ക ദ ◌്

സാഹസികത
എയർ
അന്തരീക്ഷം
ബലൂൺ
നിർമ്മാണം
ക്രൂ
ഡിസൈൻ
സംവിധാനം
എഞ്ചിൻ
ഇന്ധനം
ഉയരം
ചരിത്രം
ഹൈഡ്രജൻ
ലാൻഡിംഗ്
പാസഞ്ചർ
പൈലറ്റ്
ആകാശം
പ്രക്ഷുബ്ധത
കാലാവസ്ഥ

60 - Ocean

യ പ ഉ ഉ വ സ ◌് ര ◌ാ വ ◌് ശ ജ ത ആ വ
ട ◌് യ ◌ൂ ണ ള ജ ശ യ ച വ ബ ൻ ◌ി എ ◌േ
ല ◌് എ ഴ ഢ ഹ ◌് ◌െ ശ ◌് യ ൽ ഷ മ ഷ ല
ച പ ൽ ളഃ ◌ൗ ഉ ദ ള ല ഞ സ ള ങ ◌ി ഗ ◌ി
പ ഉ ഖ ക ൾ ൻ ന ഴ ◌ം ◌് ഹ എ ഫ ◌ം ല യ
ആ ന യ ള ഫ ◌് ◌ീ റ ത പ ല ക ഖ ഗ ന ◌േ
ഢ ള ഴ ◌ം ◌ി വ പ ഖ അഃ ◌ൗ ഗ ◌ി ആ ല ട റ
ച അ ള ണ ൻ ത ന ജ ജ ◌് ഫ എ ഫ ◌ം ല ◌്
മ ത ◌് സ ◌് യ ◌ം ◌ീ യ സ ഷ ബ ച ◌ി ള റ
◌ാ പ ൻ ഈ ട ജ ക എ ര ൽ ൾ ഖ ◌െ ഞ ഷ ◌ം
ല ച ഗ ൽ ആ സ ഫ ന ഴ ◌ാ ആ ദ മ ണ വ ◌്
ട ങ ശ ൽ ങ പ ര അ ൽ ഢ ള സ ◌് ◌് ൽ ബ
ക ബ അ ൽ ദ ദ ഢ ള ശ ബ ര ◌ി മ ട ര ഴ
യ ന ത ഫ ദ ദ ഫ ഹ ൾ സ ഫ ബ ◌ീ ◌് ആ ന
ക ◌ൊ ട ◌ു ങ ◌് ക ◌ാ റ ◌് റ ◌് ൻ ൻ ഴ ജ
ര ഉ ങ ൻ പ ഉ ള ഹ യ ഷ ഗ ക ന ഢ ട സ

ആൽഗ
വള്ളം
പവിഴം
ഞണ്ട്
ഡോൾഫിൻ
ഈൽ
മത്സ്യം
ജെല്ലിഫിഷ്
നീരാളി
റീഫ്
ഉപ്പ്
സ്രാവ്
ചെമ്മീൻ
സ്പോഞ്ച്
കൊടുങ്കാറ്റ്
വേലിയേറ്റം
ട്യൂണ
കടലാമ
തിമിംഗലം

61 - Force and Gravity

ന എ ഉ ബ ഹ ഭ പ ങ ൽ ൾ പ ഡ ക ജ ഡ സ

ൽ എ ഫ യ യ ◌ാ അ പ ള ൻ വ ത ◌ാ ഷ ◌െ ◌ാ

അ ല ത ആ ണ ര ള ഫ ഖ ച ൾ ഷ ന ബ ന ർ

ജ അ ഹ ഹ ര ◌ം ര ങ സ ള ക മ ◌് ക ◌ാ വ

ട പ ട ഥ ◌ം പ ണ മ ര ◌് ഭ ർ ത ഘ മ ത

ഫ പ ണ ല ദ ബ ശ ര ഡ ഡ ദ ദ ◌ി ർ ◌ി ◌്

ദ ണ ഷ സ ◌് ഫ ള ബ അ ഴ ത ◌് ക ഷ ക ര

സ മ യ ◌ം ന ല ച ദ ◌ൂ ര ◌ം ദ ത ണ ◌് ◌ി

ക സ ച ക ◌് സ ക ഗ ഷ ഉ എ ◌ം ൾ ◌ം ട ക

ഡ ആ വ ◌ാ ◌േ ബ അ ച ◌് ച ◌ു ത ണ ◌് ട ◌്

ഫ ◌ി സ ◌ി ക ◌് സ ◌് സ ഷ ഡ ക ◌ം ◌് ക ആ

ദ സ വ വ ക ണ ◌് ട ◌െ ത ◌് ത ൽ ◌ാ ച ഫ

വ ◌േ ഗ ത ആ ട ശ ആ ബ അ ജ ബ സ യ ഘ ബ

മ ◌െ ക ◌് ക ◌ാ ന ◌ി ക ◌് സ ◌് ആ ഗ പ ആ

ഡ ഡ ത ഷ ണ ഗ ല ഗ ള ച എ ശ ൾ പ ച ദ

ള ര ങ ഉ ള ◌് ള ച ഹ ഖ ആ ബ ശ ട സ ര

അച്ചുതണ്ട്
കേന്ദ്രം
കണ്ടെത്തൽ
ദൂരം
ഡൈനാമിക്
വികാസം
ഘർഷണം
ആഘാതം
കാന്തികത
മെക്കാനിക്സ്

ആക്കം
ചലനം
ഭ്രമണപഥം
ഫിസിക്സ്
മർദ്ദം
ഉള്ള
വേഗത
സമയം
സാർവത്രിക
ഭാരം

62 - Birds

ത	ത	◌്	ത	യ	ര	ച	ഡ	ഗ	പ	ത	ര	ങ	ൻ	ഹ	ത
ര	ദ	ക	ച	ള	ഴ	ട	ആ	◌ൂ	ജ	ൻ	ര	അ	ഫ	ബ	ല
ഖ	ഴ	ആ	ഒ	◌ി	ക	പ	ദ	സ	ല	ട	വ	ഗ	ള	വ	ൾ
ക	ആ	പ	ള	ട	ക		ല	◌്	◌ി	യ	മ	എ	വ	ത	ണ
പ	◌ു	ൾ	ല	ച	◌്	◌്	ച	ഹ	ദ	അ	ങ	ഡ	ക	സ	ബ
◌െ	ജ	ര	സ	ൾ	◌ാ	ട	ക	സ	ഉ	ഗ	ന	യ	ങ	ൽ	ദ
ല	ച	ഴ	◌ു	യ	ക	ദ	ക	ൻ	വ	◌ി	ഗ	◌്	ൻ	◌െ	പ
◌ി	ഫ	ങ	ച	വ	എ	ആ	ഹ	പ	പ	◌്	ര	◌ാ	വ	◌്	അ
ക	ക	ൻ	എ	ഡ	◌ി	ൻ	◌െ	ന	◌്	ച	ഉ	◌ൗ	ത	മ	ര
◌്	ൻ	പ	ൽ	ഴ	ഗ	ദ	റ	ഡ	റ	പ	ന	യ	ഡ	◌ു	യ
ക	ഷ	ദ	ള	ന	ൾ	ദ	◌ൄ	ഖ	◌ി	ങ	ക	ച	ങ	ട	ന
ൻ	ജ	ദ	ഹ	ൾ	◌ി	ങ	ൺ	ൻ	ന	സ	പ	◌്	ത	◌്	◌്
ബ	ഉ	യ	ച	ദ	ഗ	ത	◌ാ	റ	◌ാ	വ	◌്	ഫ	ഷ	ട	ന
സ	ദ	യ	ഫ	ഗ	ഈ	വ	ഖ	ശ	ക	ൾ	ഗ	ങ	പ	◌ി	◌ം
അ	ഉ	ക	ര	ശ	ങ	ഉ	ഹ	◌ം	സ	◌ം	ഗ	ശ	ഗ	ച	ട
ങ	ഷ	ദ	ച	ഖ	ഖ	ൽ	ര	ൻ	ര	ആ	ൻ	ച	അ	ബ	ദ

കാനറി
ചിക്കൻ
കാക്ക
പ്രാവ്
താറാവ്
ഈഗിൾ
മുട്ട
അരയന്നം
ഗൂസ്
ഗൾ
ഹെറോൺ
ഒട്ടകപ്പക്ഷി
തത്ത
മയിൽ
പെലിക്കൻ
പെൻഗ്വിൻ
കുരുവി
ച്ച
ഹംസം
തൊളച്ചന്

63 - Art

പ സ സ ◌് ക ◌് ല പ ◌് ◌ഃ ◌േ ക ഡ ൻ ഴ ക
◌െ ത വ എ ക മ ◌ാ ന സ ◌ി ക ◌ാ വ സ ◌് ഥ
യ ◌് ങ ന ◌ു വ ൽ ഷ ഷ ത ശ് ണ ഫ ശ ൽ ൻ
◌ി യ ഖ ഖ ക ഹ ആ ര ഫ ഖ ഫ സ ൻ ബ ച പ
ന സ ല ൻ ◌് വ ◌ി ഷ യ ◌ം ഴ ര ഹ ഖ ബ ◌്
◌് ന ന ള ട ങ ദ ത ര ഡ വ സ ക ക ഷ ര
റ ◌് ആ ട ◌ി ഹ ങ ന ◌് ദ ര ◌ം ത ◌് ◌ി ച
◌ി ധ ല ള ഷ ത ഗ ഗ ക ച ൻ ല ◌ി മ ത ◌ഃ ◌ാ
◌ം മ അ ൽ ◌് ശ ◌ം ഒ ◌ാ യ സ ◌ി വ ◌ി ന ദ
ഗ ◌ാ ള ണ ◌ൃ ള യ റ വ ഡ വ യ ക റ ഫ ന
◌ു യ വ ശ സ ന ◌ഃ ◌േ ◌ി ◌് ൻ ങ ◌ി ഷ ◌ാ ര ◌ം
ക ള ള ശ് ഖ ശ ര ജ സ ആ ള റ ആ ◌െ അ സ
ശ് സ ഡ ന ◌ം ഹ ◌് ◌ി ച ഉ ഖ ര് ഷ സ ദ ച
ഗ സ ആ ച ബ സ പ ന ട ഘ ഴ സ ന ശ് ന ദ
ആ ശ ബ ക ങ ങ ദ ൽ വ ഷ ◌് ◌ി വ സ ഉ ൽ
ള പ ല ങ സ ഖ പ ◌ം ല ◌് ◌ി ശ ച ഉ ൻ ഫ

സെറാമിക്
കോംപ്ലക്സ്
ഘടന
സൃഷ്ടിക്കുക
പദപ്രയോഗം
ചിത്രം
സത്യസന്ധമായ
പ്രചോദനം
മാനസികാവസ്ഥ
ഒറിജിനൽ
പെയിന്റിംഗുകൾ
സ്വകാര്യ
കവിത
ശില്പം
ലളിതം
വിഷയം
സർറിയലിസം
ചിഹ്നം
വിഷ്വൽ

64 - Nutrition

പ	◌ോ	ഷ	ക	◌ാ	ഹ	◌ാ	ര	◌ം	ന	ഹ	ദ	യ	ആ	ദ	ഗ
ആ	ര	◌ോ	ഗ	◌്	യ	ക	ര	മ	◌ാ	യ	ൻ	ബ	ര	◌്	◌ു
വ	പ	ല	ഭ	ഫ	ഹ	ച	ൽ	ഹ	ല	ആ	ആ	◌ി	◌ോ	ര	ണ
◌ി	◌്	ള	ആ	◌ാ	ൻ	എ	ക	◌ം	വ	◌ീ	ജ	റ	ഗ	◌ാ	മ
ശ	ര	ച	ശ	ഭ	ര	ങ	ക	ര	ക	ആ	സ	◌്	◌്	വ	◌േ
പ	◌ോ	ത	ഖ	ക	ല	◌ം	◌്	സ	◌്	◌ോ	സ	റ	യ	ക	ന
◌്	ട	ത	ഡ	◌്	ഷ	സ	പ	◌ം	ൻ	എ	ട	ർ	◌ം	ങ	◌്
പ	◌്	ൻ	ബ	ഷ	ജ	ര	◌ി	എ	ന	ന	ങ	ള	ൻ	◌്	മ
◌്	ട	ള	ണ	◌്	ക	ച	പ	ള	ഴ	ബ	ട	ശ	ര	ങ	യ
ൾ	◌ീ	ൽ	ഡ	യ	ഷ	ഡ	◌്	ങ	എ	ഷ	◌ോ	◌ീ	ഉ	ൾ	◌ു
ഷ	ന	ഗ	ണ	ത	ല	യ	ള	ഹ	ൽ	ബ	ക	ല	ആ	ല	ള
സ	◌ു	ഴ	പ	ട	ക	റ	◌ി	◌ോ	ല	ക	◌്	ങ	ൻ	ദ	◌്
ണ	ക	ങ	യ	ഫ	ള	◌്	◌ു	ൾ	ഖ	ശ	സ	◌്	യ	ജ	ള
ശ	ൾ	ഹ	ശ	എ	ഹ	റ	പ	ബ	ൾ	ട	◌ി	ങ	ണ	ഫ	ച
ഫ	അ	ൾ	ഖ	ഹ	ബ	◌്	ഷ	ഉ	ര	അ	ൻ	ൾ	ബ	ഡ	ഗ
ഫ	സ	ദ	സ	മ	ത	◌ു	ല	◌ി	ത	മ	◌ാ	യ	ഖ	ഴ	എ

വിശപ്പ്
സമതുലിതമായ
ബിറ്റർ
കലോറി
ഡയറ്റ്
ദഹനം
ഭക്ഷ്യ
പുളിപ്പിക്കൽ
രസം
ശീലങ്ങൾ

ആരോഗ്യം
ആരോഗ്യകരമായ
ദ്രാവകങ്ങൾ
പോഷകാഹാരം
പ്രോട്ടീനുകൾ
ഗുണമേന്മയുള്ള
സോസ്
ടോക്സിൻ
ജീവകം
ഭാരം

65 - Professions #1

ത ൾ ഴ ശ ഫ ◌ാ ർ മ സ ◌ി സ ◌് റ ◌് റ ◌്
അ ർ ഫ ര ◌ാ ഗ ◌് ട ◌ോ ട ◌് ർ ◌ാ ക ള ല
ള ഫ ഡ ർ ഡ സ ബ ◌ാ ◌ം അ ശ സ ച യ ക ള
പ ◌് ല ◌ം ബ ർ ◌് ഹ എ ഡ ◌ി റ ◌് റ ർ ദ
ൽ ല ണ ണ സ ട ത ത ൽ ജ ഷ ന ച ◌് വ ൻ
ഗ ൻ ജ ര ◌ം ക യ ബ ◌് പ ട ഗ ◌് ച ഴ അ
ശ സ ജ ഭ ഗ ◌് ◌് ന അ ര ങ ആ ◌ോ ങ ഡ ന
ല അ പ ആ ◌ീ ◌ോ യ ർ റ യ ജ ദ ക ഉ ബ മ
ഗ ത എ ത ത ഡ ൽ ത ◌് ശ ഷ ◌് ശ ഗ ◌ാ ◌ൃ
ന ങ ഴ ല ജ ൻ ക ◌് റ ള ള ഹ ഞ ല ങ ഗ
ഫ ◌ാ ഗ വ ◌് ജ ◌് ത ◌ോ സ ല ൽ ണ ൻ ◌് വ
ൻ ട വ ബ ഞ ഖ ക ക ർ ഗ ഡ ന ആ ൽ ക ◌ൈ
എ ഹ ദ ◌ി ൻ ങ ◌ാ ◌ി ണ ണ യ ങ ല ഷ ർ ദ
ആ ശ സ ങ ക ന ര എ ◌ി ഴ പ ശ ഹ ന ആ ന
ക ണ ച ഴ ന ൻ ൻ ക ഷ ഭ ◌ാ ◌ി ഭ അ ഖ ◌്
ല ൽ പ ജ ◌ി യ ◌ോ ള ജ ◌ി സ ◌് റ ◌് റ ◌്

അംബാസഡർ
അറ്റോർണി
ബാങ്കർ
കാർട്ടോഗ്രാഫർ
കോച്ച്
നർത്തകി
ഡോക്ടർ
എഡിറ്റർ
ജീയോളജിസ്റ്റ്
ആഭരണം
അഭിഭാഷകൻ
സംഗീതജ്ഞൻ
നഴ്സ്
ഫാർമസിസ്റ്റ്
പ്ലംബർ
നാവികൻ
ശാസ്ത്രജ്ഞൻ
തയ്യൽക്കാരൻ
മൃഗവൈദന്

66 - Barbecues

വ ഗ ച എ സ ഹ ര ൽ ങ അ വ ൾ ക എ ഫ ത
◌ി ◌െ ച സ ◌് ◌ഃ സ ട ച അ ഫ ആ ഹ ബ ◌ഃ ക
ശ യ ങ ല ട പ സ ഗ ഡ ത ശ യ ഗ ല ർ ◌്
പ ◌ി ഴ ◌ാ ◌് ദ ദ ള ള ◌് ട ◌ു ◌ൂ ച ക ക
◌് മ എ ഡ ണ ണ ഉ ഴ ങ ത വ ◌േ ന ൽ ◌് ◌ാ
പ ◌ു എ ◌ു ◌് യ ൾ ങ ഗ ◌ാ യ ഗ ണ ഖ ക ള
◌് ക ഴ ക ര ന ണ ൾ ണ ഴ ഖ ഉ ആ ആ ◌ു ◌ി
ഗ ൾ ല ൾ ◌് ഭ ൾ പ ത ◌ം ഗ ◌ീ ◌ം സ ക ത
ൻ ദ എ സ ഫ ൾ ക ◌് ക മ യ ഴ ച ഴ ൾ ബ
ക ◌ു ട ◌ു ◌ം ബ ◌ം ◌് ഗ ◌് ര ◌ി ൽ ഴ ക ൽ
ക വ ഖ ഷ ബ ഖ ല പ ഷ ഖ ര ബ ഴ ല വ ബ
◌് ഴ പ ര ഷ ര ഴ ഉ പ ണ യ ച ക ഡ ഡ ങ
◌ി ശ ഴ ര സ ഫ അ ദ പ ഴ ◌ം ക ത ◌് ത ◌ി
ച ബ ◌ം പ ച ◌് ച ക ◌് ക റ ◌ി ക ൾ ശ ത
ന ര വ ങ ദ ശ ര ക ത ഹ ണ ഗ അ ഴ അ ൾ
അ ൻ ണ അ ര അ എ ൽ സ ങ ഉ ഉ ൽ ല ത പ

ചിക്കൻ
മക്കൾ
അത്താഴം
കുടുംബം
ഭക്ഷണം
ഫോർക്കുകൾ
ഫ്രണ്ട്സ്
പഴം
ഗെയിമുകൾ
ഗ്രിൽ
ചൂടുള്ള
വിശപ്പ്
കത്തി
സംഗീതം
സലാഡുകൾ
ഉപ്പ്
സോസ്
വേനൽ
തക്കാളി
പച്ചക്കറികൾ

67 - Chocolate

ര ◌ം ◌ു ധ മ ആ ബ ഴ ഖ ച ഖ പ ഴ ക ഫ ൾ
സ സ ക ◌െ ◌ാ ക ◌് ക ◌േ ◌ാ ൻ ആ ◌്ര ◌് ഡ ര
◌ാ സ ◌ം ള ര ◌ു ച ◌ി ക ര മ ◌ാ യ ട ള ഉ
ച ◌ു ന ള ജ ച സ ള വ ൽ ൽ ജ ഗ ◌ി ◌ി ഫ
◌് ഗ ഴ ◌ാ ഹ എ ശ വ അ ര ട ഗ ഗ ട ഡ ൻ
ഞ ന ജ ദ ള റ ഖ ഉ ഖ ഫ ർ റ റ ◌് ◌ി ബ
പ ◌് ണ ബ ഫ ◌ി ഴ പ ദ ര വ ൾ ണ സ ൻ അ
ൽ ധ ക അ ല ഃ ◌്ര ക എ ൾ ◌ു ജ ഴ എ ഃ ◌്ര ◌ാ യ
ഖ ◌ം ക ട ഘ ല യ ◌േ ത ച വ എ ഗ ◌് ക എ
ട ള എ സ ഖ ക ◌ു യ ര ◌ി ദ ദ ഫ ക ക അ
സ ഫ ൽ ള ദ ഉ ◌െ ൻ ൽ ◌ം ല ശ ണ എ ന യ
ണ എ ജ ച എ ഹ ച ശ എ ഡ യ ൻ ബ ങ ഫ ന
ല ള ട ആ സ ക ◌് ത ◌ി ള ഷ ദ ശ ശ ല ട
പ ◌് ര ◌ി യ പ ◌് പ ◌െ ട ◌് ട ബ ള വ ല
ഗ ◌ു ണ മ ◌േ ന ◌് മ യ ◌ു ള ◌് ള അ ൽ ജ
ജ ഫ ബ ഴ ച ആ ച ആ ണ വ ങ ദ ൽ ല അ ഹ

സുഗന്ധം
ബിറ്റർ
കൊക്കോ
കലോറി
കാൻഡി
വളി
നാളികേരം
ആസക്തി
രുചികരമായ
എക്സോട്ടിക്
പ്രിയപ്പെട്ട
രസം
ഘടകം
ചെയ്യുക
പൊടി
ഗുണമേന്മയുള്ള
പഞ്ചസാര
മധുരം
രുചി

68 - Vegetables

ത ച ട സ ച ബ വ ഖ മ യ ഗ ട ഴ ട ള ആ
ഉ ക ◌ു ഗ ശ ◌ീ ൾ ള ത അ യ ല ഴ ഫ ഖ ർ
ള ഗ ◌് വ അ ആ ര ◌ി ◌് ഗ ൽ ൽ ശ ട പ ട
◌് ൺ ◌ൂ ക ന ൻ ഫ ള ത റ ◌ാ ഡ ◌ി ഷ ◌് ◌്
ള പ ബ ◌ം ◌ാ ◌് ഷ ◌് ങ ങ ആ ◌് ൻ ആ ങ ട
◌ി ◌ി ◌് ദ ച ള ന ത ◌് ര യ ല ങ ര ൽ ◌ി
പ ഇ ര ഃ◌്ര സ ട ◌ി ◌ു ങ ആ സ ◌ാ ഡ ◌ാ ഹ ക
ആ എ ◌്ര മ ഡ ഫ ബ ത ള ശ പ സ ബ ണ വ ◌േ
ഇ ജ ക യ ഉ ത റ ◌് റ ◌് ര ◌ാ ക ◌ാ ഴ ◌ാ
ഞ ങ ◌് അ ശ ണ ഹ ള ട ഴ ള എ ര വ ◌ു ക
◌് ഷ ക ഉ ഉ ൾ ച ◌ു സ ഹ ത ◌ി സ ഃ◌്ര ത ◌്
ച ഗ ഃ◌്ര ഫ ബ ൾ സ ◌െ ഖ ങ ച സ ബ സ ന ക
◌ി ബ ള ൽ ൽ ൾ ർ വ ല ഫ ◌് ള ◌ി ഃ◌്ര ക ◌്
ന ൽ ◌ി ട ◌േ ൺ എ പ ◌ി ട അ ഫ ഹ ങ ല ഫ
വ ◌െ ള ◌് ള ര ◌ി ക ◌് ക ഖ ജ ശ ബ ട ന
ബ ച യ ഹ ന അ വ ള ശ ൽ ബ ന യ ജ ജ ഷ

ആർട്ടിക്കോക്ക്
ബ്രൊക്കോളി
കാരറ്റ്
കോളിഫ്ലവർ
അയമോദകം
വെള്ളരിക്ക
വഴുതന
വെളുത്തുള്ളി
ഇഞ്ചി
കൂൺ

ഉള്ളി
ആരാണാവോ
പി.ഇ.എ.
മത്തങ്ങ
റാഡിഷ്
സാലഡ്
ചുവന്നുള്ളി
ചീര
തക്കാളി
ടേൺഐപി

69 - The Media

വ	ആ	ൾ	ങ	ങ	◌്	യ	◌്	സ	ര	പ	ര	ണ	യ	ഓ	ഡ
സ	ശ	അ	ഭ	◌ി	പ	◌്	ര	◌ാ	യ	◌ം	◌ഃ	യ	വ	ൺ	◌ി
◌്	യ	ബ	വ	◌്	യ	ക	◌്	ത	◌ി	ണ	ഫ	ത	ച	ല	ജ
ത	വ	◌ൗ	യ	◌ം	സ	◌ാ	വ	യ	◌്	വ	ണ	ട	◌ു	◌െ	◌ി
◌ു	◌ി	ദ	വ	ല	ഭ	സ	എ	ൽ	ഡ	ങ	◌്	ല	ണ	ൻ	റ
ത	ന	◌്	ഗ	◌ി	ള	◌ാ	ഗ	ഗ	ആ	സ	ട	യ	എ	ഫ	◌്
ക	◌ി	ധ	ല	ആ	ദ	ഉ	◌ഃ	യ	◌ഃ	ഡ	◌ി	◌േ	റ	ച	റ
ൾ	മ	◌ി	ഷ	ഉ	ൻ	◌്	ഴ	ന	ട	ൻ	◌ം	ൾ	ട	ഡ	ൽ
ങ	യ	ക	ള	ഗ	യ	ഫ	യ	ബ	മ	ഖ	ഗ	അ	ഷ	ട	വ
ങ	◌ം	ദ	ദ	ത	ഉ	ട	എ	◌ാ	ഫ	ഖ	◌്	ള	ൾ	ജ	ഹ
◌്	പ	ത	◌ി	പ	◌്	പ	◌്	ര	ഭ	യ	ണ	ഫ	എ	ആ	ങ
ര	പ	ത	◌്	ര	ങ	◌്	ങ	ൾ	ഗ	◌്	ങ	ഴ	ഉ	ട	പ
ത	ൻ	പ	◌്	ര	◌ാ	ദ	◌േ	ശ	◌ി	ക	യ	പ	ഗ	അ	ൾ
◌്	വ	◌ാ	ണ	◌ി	ജ	◌്	യ	അ	ഴ	എ	ഹ	◌ാ	ൻ	ക	ജ
◌ി	ന	◌െ	റ	◌്	റ	◌്	വ	ർ	ക	◌്	ക	◌്	സ	പ	ട
ച	ന	എ	യ	ള	ത	ക	ഴ	ക	പ	ഡ	ള	ൻ	ര	◌ം	ത

പരസ്യങ്ങൾ
മനോഭാവം
വാണിജ്യ
ആശയവിനിമയം
ഡിജിറ്റൽ
പതിപ്പ്
വിദ്യാഭ്യാസം
വസ്തുതകൾ
ഫണ്ടിംഗ്
ചിത്രങ്ങൾ
വ്യക്തി
വ്യവസായം
ബൗദ്ധിക
പ്രാദേശിക
നെറ്റ് വർക്ക്
പത്രങ്ങൾ
ഓൺലൈൻ
അഭിപ്രായം
പൊതു
റേഡിയോ

70 - Boats

ആ	ക	്	ാ	യ	ക	പ	അ	എ	ഴ	ഉ	ൾ	ഫ	വ	ട	ൻ
എ	ഞ	്	ച	ി	ൻ	ൊ	ശ	ന	ച	ള	ള	െ	ഹ	ഴ	ങ
ന	ഡ	ഹ	ജ	ഃ	ന	ക	ട	ൾ	ദ	ന	ഷ	റ	ത	ര	ങ
ൽ	എ	ത	ബ	ബ	എ	ആ	ഴ	ി	അ	ൾ	ൾ	ി	ങ	ൻ	ഫ
ന	ങ	്	ക	ൂ	ര	ം	ച	ആ	മ	ന	ദ	ി	ട	ശ	ഫ
ഹ	ഗ	ര	ആ	വ	ഡ	യ	ഷ	ശ	ഫ	ര	ട	ഷ	ശ	ശ	ല
ൽ	റ	ൽ	ഴ	ക	യ	ഖ	ഹ	ആ	ഡ	ആ	ം	ങ	ന	ജ	ഹ
ട	ം	ട	്	ല	ഃ	പ	്	പ	ക	ന	ഴ	ങ	ൻ	എ	പ
ക	റ	ത	ബ	എ	ൽ	ഷ	ഹ	ൾ	സ	മ	ു	ദ	്	ര	ം
ന	്	ക	ട	ങ	ന	ഃ	ട	്	ട	ി	ക	്	ക	ൽ	ല
ഉ	യ	ര	ഡ	ാ	ൻ	ത	ം	സ	ഫ	ത	ഫ	ള	സ	ൽ	ണ
അ	േ	ട	ൂ	ക	ക	ക	ങ	ല	അ	ന	ദ	ങ	ല	വ	ട
എ	ല	ശ	ഴ	യ	വ	ം	ാ	ട	പ	ശ	ൾ	എ	ഫ	ച	ശ
ഉ	ി	ഉ	ഖ	ർ	ി	ര	്	മ	ാ	ര	ി	ട	ൈ	ം	ല
ത	േ	ര	ല	ആ	ാ	ള	ങ	ല	ത	ഉ	ബ	ല	ബ	ആ	ഗ
ള	വ	ച	യ	സ	ന	ഴ	ച	ണ	എ	ല	ന	ത	ബ	ശ	ദ

നങ്കൂരം
ബോയി
കനോ
ക്രൂ
എഞ്ചിൻ
ഫെറി
കയാക്
തടാകം
മാരിടൈം
കൊടിമരം

നോട്ടിക്കൽ
സമുദ്രം
ചങ്ങാടം
നദി
കയർ
കപ്പലോട്ടം
നാവികൻ
കടൽ
വേലിയേറ്റം

71 - Driving

ല ല ങ്ക ഉ ത ◌ം ഗ ◌ാ ത ഗ ഹ ഹ പ ത ഖ ഷ
◌ൈ ഉ ര അ ◌ൈ ങ ജ ല ന ച ഫ ദ ◌്ര ◌ു യ ന
സ ഉ അ യ ര ട ◌് ര ക ◌് ക ◌് ല ര ക ഫ
ൻ ണ ദ ഡ ◌ു ◌ം ര വ ഖ സ ച ക ◌ീ ങ ട ബ
സ ത ഗ ◌േ വ പ ◌േ ങ്ക ദ ബ ത ഷ സ ◌് ജ ◌്
◌് ച ണ ങ്ക ◌് ◌ൂ ◌ാ ബ ജ ഫ ഷ ദ ◌് ക ള ര
ക ഫ ൽ ഉ ട ഭ ഗ ഇ ന ◌് ധ ന ◌ം ◌ം അ ◌േ
ണ ൻ പ പ ക ഗ ൽ ല ര ഡ അ ങ്ക ഖ ങ്ക ദ ക
ള ണ ര അ ര ട സ ർ ◌ാ ക ങ്ക പ ശ ശ ര ◌്
ബ ങ ട റ ക യ ◌് വ ശ വ ങ ബ ക ർ ത ക
സ ജ ണ ദ ◌്ര വ യ ര ൽ ബ വ ജ ഖ ട ഫ ◌ു
ഡ എ എ പ പ ഡ ◌ാ ◌ൈ ◌ാ സ ച ച ൾ ◌്ര ◌ം ക
ച ഫ ജ അ ഷ ദ ◌് ◌് ഷ ഫ ര ശ ര ട ഴ ൾ
യ ട ഷ ച ങ്ക ഖ ഗ ഡ ദ ഴ ◌ി ൾ ള ◌് ഹ ഡ
ട ഉ ച ള ഷ ന ക പ ട ഴ ൻ ക ൽ ◌്ര ച ൻ
ഴ സ ◌ു ര ക ◌് ഷ ഹ ച ങ്ക ശ ഖ ◌് മ ങ ങ്ക

അപകടം
ബ്രേക്കുകൾ
ബസ്
കാർ
ഡ്രൈവർ
ഇന്ധനം
ഗാരേജ്
ഗ്യാസ്
ലൈസൻസ്
ഭൂപടം
മോട്ടോർ
പോലീസ്
റോഡ്
സുരക്ഷ
വേഗത
തെരുവ്
ട്രാഫിക്
ഗതാഗതം
ട്രക്ക്
തുരങ്കം

72 - Biology

ത ൾ യ സ വ ബ എ ങ ണ ന ഫ ഹ ന യ ഡ ങ
ൻ ഉ ണ ട ര ശ ച ങ ഉ വ ദ ഹ ഓ സ ഷ പ
സ ൽ ◌ം ന ◌ാ ഡ ◌ി ഫ ര ട ദ ജ സ ജ ര ആ
◌ം ഗ ര ഉ ൾ ഷ ൺ മ ◌്ര ർ ◌്ര ഹ ◌് സ ക സ
◌ൈ ഗ ◌ൂ മ ◌ം ണ ◌ാ ◌ി ര പ ട ഫ മ ള ◌് ◌ി
സ മ ◌് യ ◌ൂ ട ◌് ട ◌േ ഷ ൻ ഹ ◌്ര ഉ ര ◌ം
ൻ ◌െ ഭ ജ ശ ആ ത ട യ അ ജ ൽ സ എ ◌്ര ബ
എ സ ൽ പ ഹ യ ച ◌് ജ ജ ള ആ ◌ി സ മ യ
ണ ആ സ ത ◌് ന ത ◌ാ ഡ സ ◌ാ ഴ സ സ സ ◌്ര
ൾ ൺ ൾ ◌് ഫ ര ഫ ന ഫ ബ ◌്ര ര ◌് ◌് ◌്ര സ
ല റ ഴ ദ ത ഹ ക അ പ എ ക ◌്ര ത യ ◌ം ◌ി
ള ◌്ര ൾ ഉ ഉ ന ന ◌ൃ ൻ ച എ ഗ ൾ ങ ഉ സ
സ യ എ ഖ ബ ബ ◌ി ബ ത ട ച ക ര ◌് ന ◌്
ച ◌ൂ അ ട ദ ജ സ ക ട ◌ി എ ◌ാ ഡ ങ ആ ജ
പ ◌് ര ◌്ര ട ◌് ട ◌ീ ൻ ഹ ഹ ര യ ൾ ട ള
ഡ ന ബ ◌ാ ക ◌് ട ◌ീ ര ◌ി യ ◌ി ൻ ഡ ഷ ന

അനാട്ടമി
ബാക്ടീരിയ
സെൽ
ക്രോമസോം
കൊളാജൻ
ഭ്രൂണം
എൻസൈം
പരിണാമം
ഹോർമോൺ
സസ്തനി
മ്യൂട്ടേഷൻ
പ്രകൃതി
നാഡി
ന്യൂറോൺ
ഓസ്മോസിസ്
രോഗകാരി
സസ്യങ്ങൾ
പ്രോട്ടീൻ
ഉരഗം
സിംബയോസിസ്

73 - Professions #2

ൾ പ ൻ വ ഡ വ വ അ ൽ ബ ക യ ത ദ ല ഡ
ൻ ◌് എ ശ ശ ൻ ക ന ◌ി ശ ർ ◌ാ ദ ച ◌ൊ ◌ി
ശ ര ർ ഫ ര ◌ാ ഗ ◌് ട ◌ൃ ◌്ര ട ◌് ◌ൃ ◌്ര ഫ ബ റ
എ ◌ാ ◌്ര എ ൻ ങ ൾ വ വ ക ർ ഷ ക ൻ ഡ ◌് ◌്
ഞ ഫ ഗ ര ദ ഫ ◌ൊ ◌േ സ ഫ ഗ ൻ ക ണ ര റ
◌് സ ഭ ക എ ച ദ ഷ ച വ ആ ര ധ ൽ ◌േ ക
ച ർ ണ ◌ാ ശ വ ◌് ക ങ ള അ ക സ ര റ ◌്
◌ി സ പ ര ഷ ങ യ ൻ അ ൻ വ ◌ാ ◌ാ സ ◌ി ട
ന ബ ശ ത ൻ ◌ാ ൻ ഴ ഹ ഴ ൽ ക ര ത യ ◌ീ
◌ീ ഡ ഗ ◌് ക ജ പ ഷ ഡ ഫ ത ◌് ◌് ന ൻ വ
യ ഖ ദ ◌ി പ ◌ൊ ശ ണ ട ബ ജ ട പ ◌് ക ◌്
ർ ട ൾ ച യ വ ന സ ◌് ശ ൾ ട ൻ ത ഷ ങ
ഹ ത ഫ ന ◌ാ ഡ ള ൽ ർ ഡ ഫ ◌് ക ◌് ◌േ സ
പ ◌ൊ ല റ ◌് റ ◌് ഴ അ ജ ◌ി ◌ൃ ◌്ര വ ര വ ഫ
വ ല ച ആ ധ ക ഫ ഴ ഡ സ ൻ ത ഫ ◌ം ഗ ഹ
ഫ ഴ ഉ ച അ ഴ വ ണ ൻ യ ക ൾ ൻ ത ത അ

ജൈവ
രസതന്ത്രം
ഡിറ്റക്ടീവ്
എഞ്ചിനീയർ
കർഷകൻ
തോട്ടക്കാരൻ
അന്വേഷകൻ
ലൈബ്രേറിയൻ
ഭാഷാ പണ്ഡിതൻ
ചിത്രകാരൻ
ദാർശനികൻ
ഫോട്ടോഗ്രാഫർ
വൈദ്യൻ
പൈലറ്റ്
പ്രൊഫസർ
പ്രസാധകൻ
ഗവേഷകൻ
സർജൻ
അധ്യാപകൻ

74 - Mythology

ബ യ ഗ അ ഉ ജ ഖ ഷ ൻ ഷ ദ ഴ ഇ ഫ സ പ
ള ◌്ര ൽ ന ന ◌് ◌ി മ പ ൻ ◌േ ഗ ട ൾ ◌ം ◌െ
ര ദ ഖ ശ ആ ള ഡ ബ ങ ര വ ങ ◌ി ൽ സ ര
ൾ ◌് ൻ ◌് ക ർ യ ശ ച ഷ ത ര മ ദ ◌് ◌ു
ഖ ധ ൾ വ ആ ത ക ഡ ഫ ഖ ക ൽ ◌ു ◌ു ക മ
എ ◌ാ ങ ര ഹ ദ ഖ ◌് ഡ ഉ ൾ ച ഴ ര ◌ാ ◌ാ
ണ വ ങ ത ൾ ൻ സ ഷ ക ◌് ◌ാ ര ക ന ര റ
ജ ◌് ◌് ത ഴ ഫ ഫ സ ഹ ◌ി ഡ ന ◌് ◌് ◌ം ◌്
ല ◌ീ സ ◌് സ ◌് വ ർ ഗ ◌ം ട ള ക ത അ റ
ക മ വ ര എ ◌ം ട ഖ ബ ല ന്റ ◌െ ◌ം ◌ം ഷ ◌ം
യ ◌്ര ◌ാ ◌ി ന ത ഹ ഷ ഉ പ യ ണ പ ച വ ഗ
അ ർ ശ ◌ം ര ◌ം ക ◌ാ ത ◌ി ര ◌് പ ◌് ഖ വ
സ ട ◌് ബ ഖ ത ഹ ട ◌ി ഷ ◌് ◌ൃ സ ഗ പ ഷ
◌ൂ ◌് ◌ി ◌ി ൻ ഹ ◌ീ റ ◌്ര ത ഉ ശ വ ഡ ഖ ◌്
യ ട വ ◌ാ ര ഡ ച ഷ ല ഴ ഇ വ ട ഹ ഹ ൾ
ഡ ൽ സ ല ശ ഗ ച വ ആ ത ര ത ണ എ ബ ഡ

ആർക്കിടൈപ്പ്
പെരുമാറ്റം
വിശ്വാസങ്ങൾ
സൃഷ്ടി
ജീവി
സംസ്കാരം
ദേവതകൾ
ദുരന്തം
സ്വർഗം
ഹീറോ
അനശ്വരത
അസൂയ
ലാബിരിംത്
ഇതിഹാസം
മിന്നൽ
രാക്ഷസൻ
മോർട്ടൽ
പ്രതികാരം
ഇടിമുഴക്കം
യോദ്ധാവ്

75 - Agronomy

വ ശ ഹ ത ഖ ങ എ സ ങ്ങ ണ ൾ ള സ ൽ മ ബ
◌ി എ ഡ ഗ പ ഫ വ സ ൻ ഷ ക ച ല സ ല ശ
ത ഗ ന ഹ ഠ ശ ള ◌് ല ശ റ ദ ച ◌ി ◌ി ന
◌് ച ◌് ന ന ക ◌ം യ യ ന ◌ി ഫ ല സ ന ഭ
ത വ എ ര ◌ം എ ച ങ ജ ട ക ങ്ങ യ ◌് ◌ീ ക
◌ു ൽ ള ബ ◌ാ ഡ വ ◌് യ ഘ ക ത ന റ ക ◌്
ക പ ര ർ യ മ ഹ ങ ഊ ര ◌് ജ ◌ം ◌് ര ഷ
ൾ വ ള ഃ ◌്ര ച ക ◌ീ ൾ വ ◌ീ ച അ ദ റ ണ്ണ
ക ൻ എ ട ഗ ◌് സ ണ്ണ ബ ര ◌് സ പ ങ ◌ം ◌ം
ഡ വ ന ബ ന ങ ച ക ൾ ശ ച ൾ ◌ാ ◌് വ ഖ
ൾ ത ◌ി ഥ ◌ി സ ◌് ◌ി ര പ പ ത ◌് ങ ◌െ ഡ
ത ഖ ഹ ര യ ന യ ങ ക ◌ൃ ഷ ◌ി ത ൾ ള ദ
ശ ◌ാ സ ◌് ത ◌് ര ◌ം ൾ ഉ ൾ ങ ഉ ഉ ◌് ൻ
മ ണ ◌് ണ്ണാ ◌്ര ല ◌ി പ ◌് പ ◌് ന ഡ ക ള ങ്ങ
ഓ ർ ഗ ◌ാ ന ◌ി ക ◌് പ ന ല ൽ ഴ ഹ ◌ം സ
ച ള ര അ ച ഖ ഴ ള ച ദ ഴ ന ൾ ഴ ച ല

കൃഷി
രോഗങ്ങൾ
ശരീരഘടന
ഊർജം
പരിസ്ഥിതി
മണ്ണൊലിപ്പ്
വളം
ഭക്ഷണം
വളർച്ച
ഓർഗാനിക്
സസ്യങ്ങൾ
മലിനീകരണം
ഉത്പാദനം
ഗ്രാമീണ
ശാസ്ത്രം
വിത്തുകൾ
പഠനം
സിസ്റ്റങ്ങൾ
പച്ചക്കറികൾ
വെള്ളം

76 - Hair Types

ൾ ത ◌ി ള ങ ◌് ങ ◌ു ന ◌് ന ച വ യ ച ങ
ൻ ത വ ഫ ണ ണ ഡ ല ട ഫ ഴ ◌െ ◌െ ന ◌ാ എ
ക ട ◌് ട ◌ി യ ◌ു ള ◌് ള ന റ ള ◌ി ര ൽ
ഖ ആ ഫ ശ ക ഉ ഖ ന ഴ ഡ ത ◌ി ◌് റ ന ല
ഡ ◌് ര ◌ാ ◌െ അ ദ ◌് യ ◌ാ യ ◌ം യ ള മ ◌ി ൽ
സ അ ണ ക ഷ ണ ◌് ട ◌ി ന ണ ഴ ള ◌ു റ ദ
ഃ ◌്ര ത ച അ ന വ പ യ ഷ ണ ◌ീ സ ◌ി ള ◌ം ◌ൃ
ഫ ല ത ◌ു ഷ അ ൾ ട ദ ശ ര ണ ള ◌് പ ഢ
◌് യ ത ◌് ര ദ ൽ ക ത ഴ ഗ ഖ ◌് ള മ മ
റ ഃ ◌്ര ◌് ഡ ◌ു ◌ു എ ന ബ ൽ ങ ബ ◌െ ട ഃ ◌്ര ◌ാ
◌് ട ർ എ ദ റ ണ ജ ള ര ള ര വ ◌് ഷ ര
റ ◌് ◌േ ട ച യ ക ◌് ഡ പ ട ട ൾ ട ണ ◌്
◌് ട ന ഷ ൽ ഉ വ ല ട വ ൾ ള ഖ ◌് വ ന
ൻ ◌ി ആ ര ഃ ◌്ര ഗ ◌് യ ക ര മ ◌ാ യ ◌ി ◌ു ◌്
ഷ ബ ല യ വ ശ ബ ള ശ ത അ ണ ഹ വ ◌ം ന
സ ബ ൻ ഴ അ ൻ ബ അ ഡ ല ബ ക ഫ ത അ ദ

കഷണ്ടി
കറുത്ത
ദൃഢമാർന്ന
മോഷണവും
തവിട്ട്
നിറമുള്ള
അദ്യായം
ചുരുണ്ട
ഡ്രെഡ്
ചാരനിറം
ആരോഗ്യകരമായ
നീണ്ട
തലയോട്ടി
തിളങ്ങുന്ന
ചെറിയ
വെള്ളി
സോഫ്റ്റ്
കട്ടിയുള്ള
നേർത്ത
വെള്ള

77 - Garden

ഹ ബ ൻ ള ◌ി പ ഃ ◌്ര ര ◌ാ ◌ം ◌് ട ഖ മ ഗ ഹ
ഫ ◌ാ ഖ ഗ ല ര ◌ൂ ക ള ക ൾ ക ഖ ◌ു ◌ാ ഃ ◌്ര
വ ൽ ◌ം ഷ ഡ ട ങ വ ത ഹ ര യ ഗ ന ര സ
ഴ ര മ ഹ ത ഡ ങ ച ◌് ഞ ◌് ◌െ ബ ◌് ◌േ ◌്
ദ ൾ ◌ു പ ഃ ◌്ര ര ഹ ഫ ജ ണ ബ ബ ൾ ത ജ ഡ
ഹ ൾ ◌ൂ വ ◌ു ക ക ◌ു ള ◌ം ആ ൻ സ ◌ി ◌് ത
ള ൻ പ ബ ഫ ൽ ◌് ഗ ഖ ല ത ൾ എ ര ൽ ഃ ◌്ര
പ ഫ ഉ ◌ു ഡ വ ത ക ര ◌ി ഃ ◌്ര ക ട ◌ി ല ട
സ ര വ ഷ ഖ അ ൻ ◌് ◌് ◌േ ൾ റ ◌െ വ പ ◌്
ന ൽ ച ◌് ശ ൾ ത ഖ ത വ ബ ◌ാ റ ള ◌ു ട
മ ◌ി ന ◌ു ക ◌് ക ◌ു ക ക ൾ പ സ ◌് ല ◌ം
വ ◌ൃ ക ◌് ഷ ◌ം ഴ ബ സ ള ◌ി ബ ◌് ള ◌് ത
വ ല ഷ ശ ഗ സ ഫ അ ട ഫ സ ട വ ◌ി ല ട
ള ശ ശ അ പ ആ ങ ട ര അ ൾ ൻ ◌ി പ ◌് ന
ഫ ഷ വ ദ ൾ ഴ ന ഴ ഹ ന ഫ ഡ ത ൽ ച ന
ഫ ന ര ല ഫ വ ഷ ഉ സ എ ഖ ഫ ര ൾ സ ല

ബെഞ്ച്
ബുഷ്
വേലി
പൂവ്
ഗാരേജ്
തോട്ടം
പുല്ല്
ഹാംഹോക്ക്
ഹോസ്
പുൽത്തകിടി
കുളം
പൂമുഖം
മിനുക്കുക
പാറകൾ
കോരിക
ടെറസ്
ട്രാംപോളിൻ
വൃക്ഷം
മുന്തിരിവള്ളി
കളകൾ

78 - Diplomacy

സ	ി	വ	ി	ക	്	സ	സ	ം	ഘ	ർ	ഷ	ം	ര	വ	എ
ി	വ	ത	ച	ജ	ർ	മ	ാ	ന	്	ര	ൗ	പ	ഡ	ല	ട
ബ	ന	ി	പ	അ	ജ	ഗ	ത	ക	ങ	ര	ല	ക	ഴ	ക	പ
ം	ൾ	യ	ദ	ജ	ന	്	സ	ഹ	ക	ര	ണ	ം	ആ	സ	പ
എ	അ	ം	ത	േ	വ	ര	ന	ഖ	പ	ഗ	ഖ	ട	ങ	ർ	ഴ
ദ	ള	മ	ി	ന	ശ	ത	ൻ	ണ	യ	പ	വ	ി	ഗ	ക	അ
ച	ള	േ	ീ	വ	്	ട	ാ	ഷ	്	േ	ദ	പ	ഉ	്	യ
ൾ	ള	ര	ന	ച	സ	ത	ആ	ദ	ദ	ർ	ണ	്	ൾ	ക	അ
പ	ഫ	്	ൽ	ർ	ു	ഷ	്	ഗ	ജ	ഡ	ഷ	മ	ഷ	ാ	യ
ള	ര	പ	പ	ച	ര	ള	ഹ	ര	ങ	സ	ഗ	ട	ത	ർ	ല
ല	ശ	ി	ഡ	്	ക	ന	ഴ	ക	ഫ	ബ	ങ	ഉ	ക	ഖ	ൽ
ൾ	സ	ല	ഹ	ച	്	ങ	ബ	ഉ	മ	ാ	ന	ു	ഷ	ി	ക
ഫ	ല	അ	ര	ാ	ഷ	ഹ	ശ	ങ	ബ	ം	ണ	ങ	അ	അ	അ
ഷ	ക	ജ	ങ	ത	ര	ക	ന	ഗ	ൻ	അ	ട	ആ	ത	ര	ഹ
ന	ശ	അ	ബ	ട	യ	ം	ര	ീ	ട	്	ഷ	്	ാ	ര	ബ
ക	മ	്	മ	്	യ	ൂ	ണ	ി	റ	്	റ	ി	ബ	അ	അ

ഉപദേഷ്ടാവ്
അംബാസഡർ
പൗരന്മാർ
സിവിക്
കമ്മ്യൂണിറ്റി
സംഘർഷം
സഹകരണം
നയതന്ത്ര
ചർച്ച
എംബസി
വിദേശ
സർക്കാർ
മാനുഷിക
സമഗ്രത
നീതി
രാഷ്ട്രീയം
പ്രമേയം
സുരക്ഷ
പരിഹാരം
ഉടമ്പടി

79 - Countries #1

ബ	ന	ി	മ	്	മ	ർ	ജ	ഫ	ി	ൻ	ല	ാ	ൻ	ഡ	്
്	ാ	േ	ജ	ബ	ാ	ങ	ൽ	ശ	ത	ഷ	ജ	പ	മ	ന	ഏ
ര	ം	ഏ	ാ	ട	ന	ഖ	ഫ	ല	ൽ	ൾ	ഖ	ക	്ര	ാ	ൻ
സ	റ	ഡ	ൽ	ർ	പ	ഖ	സ	ൽ	ങ	ൻ	ആ	ട	റ	ക	ന
ീ	്	ങ	ക	ട	വ	ഖ	ങ	ല	ഏ	ഹ	ഗ	ഫഃ	്ര	ജ	ി
ൽ	റ	ണ	ഹ	ള	ബ	േ	വ	ങ	ാ	ഏ	ഖ	വ	ക	ഡ	ക
ഴ	്	ട	ൽ	ത	ദ	ഴ	ന	വ	ജ	ത	ഖ	ശ	്	ൻ	്
ഹ	യ	ത	ഗ	യ	ന	ി	മ	ാ	്ര	റ	്	ഖ	ക	വ	ക
ട	ി	ഫ	ന	ബ	േ	ള	സ	ഖ	ങ	ല	ാ	വഃ	്ര	ശ	ര
ഡ	വ	ഗ	െ	ശ	യ	ര	ര	ന	ഡ	ി	റ	ഡ	ി	ൻ	ാ
ള	ഡ	അ	സ	ന	ൽ	ര	ാ	വ	ര	റ	ഇ	ഏ	ൾ	യ	ഗ
ഹ	യ	അ	ഫ	പഃ	്ര	ള	ണ	്	ട	്	ഏ	ഹ	ഴ	ി	്
ഈ	ജ	ി	പ	്	ത	്	ച	ണ	സ	റ	ഉ	ക	ത	പ	വ
ങ	സ	ക	ഷ	ഡ	ണ	ക	ഡ	ത	ഴ	ഇ	ഏ	ജ	ശ	െ	പ
വ	െ	ന	ി	സ	്	വ	േ	ല	യ	ഷ	ജ	ഉ	ജ	്	ശ
ആ	ആ	ര	ബ	ബ	വ	ൾ	ല	ി	ബ	ി	യ	ൽ	സ	സ	ഉ

ബ്രസീൽ
കാനഡ
ഈജിപ്ത്
ഫിൻലാൻഡ്
ജർമ്മനി
ഇറാഖ്
ഇസ്രായേൽ
ഇറ്റലി
ലാത്വിയ
ലിബിയ
മൊറോക്കോ
നിക്കരാഗ്വ
നോർവേ
പനാമ
പോളണ്ട്
റൊമാനിയ
സെനഗൽ
സ്പെയിൻ
വെനിസ്വേല
വിയറ്റ്നാം

80 - Adjectives #1

ദ	എ	ക	അ	സ	ക	ക	ഹ	ക	ന	◌ി	◌ു	ധ	ആ	പ	ഗ
ജ	ട	ക	ഉ	അ	ഹ	ത	ത	◌േ	ന	ശ	ന	ങ	ആ	◌്	ഖ
ശ	ണ	ഴ	◌്	ൾ	ൻ	◌ാ	ബ	വ	ബ	ന	◌േ	മ	ര	ര	ല
ഗ	◌്	പ	ൾ	സ	ഫ	ൽ	യ	ല	ഖ	ഢ	ർ	ന	◌്യ	ധ	ഹ
ൾ	◌ു	എ	ട	ര	◌്യ	ൻ	ഫ	ക	ഴ	ക	ത	◌്യ	മ	◌ാ	സ
ക	ര	ര	ത	ഗ	വ	ട	ല	എ	ര	ള	◌്	ഹ	◌ാ	ന	ത
സ	ഇ	ഫ	◌ു	ങ	ഗ	ങ	◌്	ഴ	ഴ	മ	ത	ര	റ	◌ം	◌്
ക	ൾ	വ	പ	ത	ജ	ന	ഹ	ട	ത	ള	◌ാ	◌ം	◌്	ആ	യ
ഖ	ള	ക	ള	ശ	ര	ഷ	സ	ജ	◌ി	ന	ബ	യ	റ	ക	സ
ക	ഹ	ഗ	പ	ണ	ന	മ	ശ	ഖ	ട	ക	ല	മ	◌ി	ർ	ന
◌െ	ന	പ	◌ി	ഷ	◌ം	ല	◌ാ	◌ി	ഭ	അ	◌്	◌ാ	ക	ഷ	◌്
ക	ല	◌ാ	പ	ര	മ	◌ാ	യ	യ	ക	ൻ	ജ	ര	◌്	ക	ധ
◌്	യ	ഖ	◌്	ദ	ഫ	ത	ഴ	ൻ	ന	ര	ഖ	◌ാ	ൾ	മ	മ
◌ു	ര	ൾ	◌ാ	ഉ	ബ	ക	ന	ൾ	ത	ച	ബ	ദ	ൻ	◌ാ	◌ാ
ത	വ	ക	ഹ	ക	ഢ	സ	ഗ	ഖ	◌്	യ	വ	ഉ	എ	യ	യ
പ	സ	മ	◌ാ	ന	മ	◌ാ	യ	ഫ	ത	ത	ഢ	ഗ	ൽ	ബ	സ

കേവല
അഭിലാഷം
ആരോമാറ്റിക്
കലാപരമായ
ആകർഷകമായ
മനോഹരം
ഇരുണ്ട
എക്സോട്ടിക്
ഉദാരമായ
ഹാപ്പി
കനത്ത
സഹായകരമായ
സത്യസന്ധമായ
സമാനമായ
പ്രധാനം
ആധുനിക
ഗുരുതരമായ
പതുക്കെ
നേർത്ത

81 - Rainforest

ആ വ അ ഴ ദ ശ ള ദ ദ ട സ ൾ സ ച ബ ഉ
ആ ല ഗ ഫ ത റ ഹ എ വ ട ഹ ജ ◌് ച ◌ാ ഭ
പ ◌് ര ◌ാ ണ ◌ി ക ള ◌െ ◌് ൽ ക പ ഴ ട യ
അ വ മ ജ എ റ ക ഉ ന പ ട ◌ാ ◌ീ ൾ ◌് ജ
ത ര ◌േ ഉ വ ◌് ബ ◌ൃ ആ ◌െ ഫ ല ഷ അ ട ◌ീ
◌ി ദ ഘ ൽ ശ ണ വ ജ ര പ ര ◌ാ ◌ീ എ ◌ാ വ
ജ ആ ങ ൽ ണ ◌ി ജ ◌ൊ ന ◌് പ വ സ ദ ണ ◌ി
◌ീ ല ◌് ക ◌ം യ ഭ അ വ ല പ സ ◌് ഷ ◌ി ക
വ ഖ ങ ക ഷ ◌ൂ ൾ ക ന ◌ി ത ◌് സ സ ക ൾ
ന ക ൾ ഹ ക മ ക ഖ ഷ വ ധ ഥ സ ◌് ◌് ഗ
◌ം ങ ഴ ബ ◌് ◌് ഷ ച ണ ജ ൻ ◌് ര ◌ഃ ക്ര ◌ി
ആ ശ സ ൻ ര ◌് ◌ി ള ല ന ദ സ യ മ ൽ ◌ം
പ ഴ വ പ ◌ം മ ◌് ൾ ഴ ന ൽ ഗ ട ◌ം ഷ ജ
ഗ ഗ ശ ങ സ ക ക യ ബ ബ ങ ഴ ൻ ക ഗ ങ
ൽ സ ള യ ല ന പ ഥ ◌ാ സ ◌് ന ◌ഃ ◌ു പ ട
ല ഷ ഡ അ ഹ എ ച ഗ ക പ ഗ വ ഫ വ ശ എ

ഉഭയജീവികൾ
പക്ഷികൾ
ബൊട്ടാണിക്കൽ
കാലാവസ്ഥ
മേഘങ്ങൾ
കമ്മ്യൂണിറ്റി
വൈവിധ്യം
പ്രാണികളെ
ജംഗിൾ
സസ്തനികൾ
മോസ്
പ്രകൃതി
സംരക്ഷണം
അഭയം
ആദരവ്
പുനഃസ്ഥാപന
സ്പീഷീസ്
അതിജീവനം
വിലപ്പെട്ട

82 - Technology

ഡ ഗ ് ല ഃ ്ര ് ബ ത ഇ പ വ ഴ ബ ഴ ഴ യ
ി വ ഫ ഴ ബ ബ ൾ യ ന സ ഗ ഋ ല ഷ ൻ ഹ
ജ േ ഉ ര പ ർ ട ട ് യ ൂ പ ് ് മ ക
ി ഷ ട ൻ വ എ ള ് റ ബ ഗ ബ ല ഋ ഫ ക
റ ണ ഹ ര ൾ ഷ ങ ണ ർ ാ െ സ വ യ യ ൻ ്
് ം ല ീ ച ജ യ ് ന റ ബ ു ഫ ട ച യ
റ ഡ ട ക ഡ ഴ ണ ഃ ്ര െ ് ഗ ് ര ഹ ശ ാ
ൽ വ ച ് ർ െ വ ഫ റ റ ന ഡ ര ക ഷ മ
ഡ ി സ ് പ ് ല േ ് ് ള ാ ഴ ൗ ് റ
വ ട സ സ ന ഗ ൻ സ റ സ ത റ ഡ ച സ ഷ
വ ാ െ റ സ ് പ ൽ ള ് ് ക ് ഷ ബ ല ർ
ൾ യ യ ക ജ ൾ ഡ ച ത ഡ ല റ ന വ ബ ഫ
ള ൻ ച ഴ പ ള ള ക ബ ജ ഴ ബ ണ ന ട യ
സ ഡ ജ ് ഉ ഴ ഹ ട ട ൾ ഷ ഹ ഷ ര ട ഫ
ന ര ൾ സ സ ന ് ദ േ ശ ം ൻ ശ ൽ ത ന
ഴ ഫ ക ർ യ വ െ റ ് റ ് ഫ ് ഃ ്ര സ പ

ബ്ലോഗ്
ബ്രൗസർ
ബൈറ്റ്സ്
ക്യാമറ
കമ്പ്യൂട്ടർ
കഴ്സർ
ഡാറ്റ
ഡിജിറ്റൽ
ഡിസ്പ്ലേ
ഫയല്
ഫോണ്ട്
ഇന്ററർനെറ്റ്
സന്ദേശം
ഗവേഷണം
സ്ക്രീൻ
സുരക്ഷ
സോഫ്റ്റ്വെയർ
വെർച്ചൽ
വൈറസ്

83 - Global Warming

ഇ	പ	◌്	പ	ഃ◌്ര	ൾ	ഷ	ൻ	ണ	ഡ	ങ	യ	ബ	എ	വ	ണ
ബ	ച	ആ	ഗ	ൾ	ൽ	ള	ണ	ള	ജ	അ	ഉ	ദ	ള	ക	ദ
ശ	◌ാ	സ	◌്	ത	◌്	ര	ജ	◌്	ഞ	ൻ	ഫ	ണ	സ	ങ	ഷ
ഡ	ഉ	പ	◌്	ന	◌ി	യ	മ	ന	◌ി	ർ	മ	◌ാ	ണ	◌ം	ഉ
ല	ഷ	ര	ആ	യ	വ	ഹ	ഷ	അ	ത	ല	മ	◌ു	റ	ക	ൾ
അ	ജ	◌ി	ശ	ഡ	◌ാ	ശ	◌്	ര	ദ	◌്	ധ	ക	ച	◌്	ങ
ന	◌ം	സ	ക	◌ി	വ	◌്	ല	ഷ	ഫ	ശ	◌ി	◌ാ	വ	ട	ങ
ത	◌്	◌്	സ	അ	ര	പ	ഗ	ദ	ന	ല	ന	ല	◌്	◌ി	◌്
◌ാ	ര	ഥ	സ	ർ	ഡ	◌ാ	റ	◌്	റ	ൽ	◌്	◌ാ	യ	◌്	ല
പ	ഊ	◌ി	യ	ജ	ക	വ	ജ	ദ	ജ	ൽ	സ	വ	വ	ട	ഫ
ന	യ	ത	ച	യ	ഖ	◌്	◌ം	സ	ന	ജ	ത	സ	സ	ർ	ര
◌ി	ക	◌ി	ദ	അ	ഡ	ഫ	ക	ച	ത	പ	◌ി	◌്	◌ാ	ആ	ത
ല	ഫ	പ	ത	ഡ	വ	എ	ഖ	◌ാ	ൻ	ച	ര	ഥ	യ	ബ	◌്
ൽ	ഷ	ശ	ശ	ഭ	◌ാ	വ	◌ി	വ	ർ	വ	◌്	ന	◌ം	ഷ	ന
ട	ഷ	ത	ട	ല	ഹ	ങ	ൻ	ക	ഗ	ഡ	പ	ങ	സ	ദ	ന
ണ	ഉ	ട	അ	ന	◌്	ത	◌ാ	ര	◌ാ	ഷ	◌്	ട	◌്	ര	അ

ആർട്ടിക്
ശ്രദ്ധ
കാലാവസ്ഥ
അനന്തരഫലങ്ങൾ
പ്രതിസന്ധി
ഡാറ്റ
വികസനം
ഊർജം
പരിസ്ഥിതി
ഭാവി
ഗ്യാസ്
തലമുറകൾ
സർക്കാർ
വ്യവസായം
അന്താരാഷ്ട്ര
നിയമനിർമാണം
ഇപ്പോൾ
ജനസംഖ്യ
ശാസ്ത്രജ്ഞൻ
താപനില

84 - Landscapes

ബ	വ	ങ	ഗ	ജ	ഹ	വ	ബ	ഡ	ൺ	സ	◌്	ജ	ര	അ	ഴ
ഡ	ക	ന	ച	ഹ	ജ	ള	ബ	◌ീ	ട	ദ	ബ	ൾ	ഡ	ഗ	ച
വ	ന	ദ	ൻ	ര	എ	അ	ട	അ	ച	ഹ	ള	ന	ണ	◌്	◌െ
ഹ	ആ	◌ി	അ	പ	ഫ	ര	ര	◌ം	ദ	◌്	◌ു	മ	സ	ന	യ
ച	ഉ	ദ	ദ	ആ	ള	വ	ഗ	ഹ	ബ	ബ	ച	സ	ഉ	◌ി	◌്
ല	ത	ക	ട	ൽ	അ	ഴ	◌ി	മ	◌ു	ഖ	◌ം	◌്	ൾ	പ	യ
ഉ	ഹ	◌ു	ഖ	ഗ	ൽ	◌്	ഡ	ച	ൻ	ഉ	ഗ	സ	ക	ർ	◌ു
ൽ	അ	ക	പ	ത	ത	◌ാ	ക	പ	പ	മ	ഡ	◌ി	◌്	വ	ന
ഗ	◌ു	ഹ	ൻ	◌്	ള	ത	ഹ	ല	ആ	ര	ര	◌ാ	ക	◌്	◌്
അ	ഴ	ആ	ബ	അ	പ	യ	ഷ	ദ	ജ	◌ു	വ	യ	ട	വ	ന
ന	ഴ	ട	ഫ	ന	ക	◌്	ആ	ൽ	ഹ	ഭ	ത	ഒ	ൽ	ത	◌ു
പ	◌്	വ	◌ീ	◌്	ദ	ട	ശ	ബ	ഹ	◌ൂ	ൽ	യ	ഹ	◌ം	ഫ
ൾ	◌ാ	ച	ഫ	ദ	ഴ	യ	ജ	ഖ	ഡ	മ	ച	ൽ	പ	ആ	ദ
ജ	പ	റ	ഴ	ഗ	ങ	ബ	ജ	ഖ	ആ	◌ി	സ	ങ	ഹ	ങ	ഫ
ത	ട	◌ാ	ക	◌ം	മ	ല	ജ	ത	ആ	ള	ദ	പ	വ	ഴ	ഉ
ള	പ	സ	വ	ഹ	◌ി	മ	◌ാ	ന	◌ി	ബ	ദ	ഗ	പ	ഹ	ഗ

ബീച്ച്
ഗുഹ
പാറ
ഉൾക്കടൽ
മരുഭൂമി
ഡൺസ്
അഴിമുഖം
ഹിമാനി
ദ്വീപ്
തടാകം
മല
ഒയാസിസ്
സമുദ്രം
നദി
കടൽ
ചതുപ്പ്
ചെയ്യുന്നു
താഴ്വര
അഗ്നിപർവ്വതം

85 - Visual Arts

ട	ൻ	ള	ആ	അ	ഴ	സ	ഈ	അ	സ	സ	ബ	ണ	ശ	സ	ഛ
◌്	ഗ	യ	ഉ	ട	ഉ	◌്	സ	സ	ഹ	◌ി	ള	ത	ണ	ർ	◌ാ
പ	ആ	ദ	ഴ	ഷ	ങ	റ	പ	ണ	ൽ	ന	യ	സ	മ	ഗ	യ
◌ാ	ദ	◌്	ക	ഹ	യ	◌്	സ	ക	ആ	◌ി	ഴ	ഖ	◌െ	◌ാ	◌ാ
പ	ജ	വ	ഘ	ട	ന	റ	◌്	വ	ള	മ	ക	സ	ഴ	ത	ച
◌്	ങ	◌ി	വ	വ	ച	◌െ	പ	വ	അ	◌ി	ര	ക	◌ു	◌്	◌ി
ച	ആ	ത	വ	ബ	ര	ൻ	◌ീ	ഖ	ശ	ൽ	മ	അ	ക	മ	ത
ഴ	ണ	◌ു	ശ	ഗ	ല	സ	ർ	വ	ക	എ	ര	ണ	◌്	ക	◌്
◌്	ഹ	സ	ഫ	എ	യ	◌ി	റ	◌ാ	ശ	ത	വ	ശ	◌്	ത	ര
◌ാ	ട	◌്	ള	എ	യ	ൽ	റ	ർ	ച	◌ി	ദ	ജ	എ	ണ	◌ം
ക	ല	◌ാ	ക	◌ാ	ര	ന	◌്	ണ	ഹ	ബ	ല	ജ	ന	ച	◌്
◌്	ക	വ	എ	എ	ഗ	ൽ	സ	◌ി	ൻ	◌െ	പ	◌്	◌േ	ഷ	ണ
ക	സ	ശ	ഴ	ഫ	ങ	സ	◌്	ഷ	ണ	ല	ഗ	ഹ	പ	ഉ	സ
◌്	ഉ	ഴ	എ	ട	ജ	ഷ	◌ാ	◌്	ഗ	ജ	ഷ	ര	ല	◌ം	വ
◌േ	ങ	ആ	ഡ	ജ	ഷ	യ	മ	ഴ	ഉ	ന	ശ	ആ	ഖ	ഉ	എ
ച	ന	ങ	സ	◌െ	റ	◌ാ	മ	◌ി	ക	◌്	സ	◌്	ല	സ	ഗ

വാസ്തുവിദ്യ
കലാകാരന്
സെറാമിക്സ്
ചോക്ക്
കരി
കളിമണ്ണ്
ഘടന
സർഗാത്മകത
ഈസൽ
സിനിമ
മാസ്റ്റർപീസ്
പേന
പെൻസിൽ
കാഴ്ചപ്പാട്
ഛായാചിത്രം
ശില്പം
സ്റ്റെൻസിൽ
വാർണിഷ്
മെഴുക്

86 - Plants

ൻ ട ദ ല ശ ദ ഹ ക ഴ ഹ ഗ ള ബ ഷ ദ സ
ല പ ഗ ഴ ട ഫ ഡ ള ഹ ഡ അ ല ◌െ ബ ജ സ
എ ങ ത വ ള ◌ം ഷ ◌് ◌ു ബ വ ഡ റ ൻ ര ◌്
ര ണ ആ ജ ള ന ൾ ള ള ആ എ ച ◌ി ഹ ള യ
ണ ഡ ൽ ല ള വ ര ◌ി ൾ ത ട ട ത ള സ ജ
മ ഃ◌(സ ◌്)എ വ ◌ി ച ങ ന ഇ ഴ ള ച പ ◌ാ
ഗ എ ള ട ള ◌് ച ◌് ൾ ദ ന ഫ സ വ ◌ു ല
ത ണ ◌് ട ◌് ◌ൂ ഹ ച തഃ◌(ട ◌് ട ◌ം ല ങ
പ.അ ഫ ന ഴ പ ഗ ◌െ റ ◌ൂ ട ◌് ട ◌് ◌് ◌്
◌െ◌(ദ ച ◌് വ ട എ ട വ ഷ സ ൽ ഴ ബ ല ങ
ത ഫ ല ദ ല ഡ ള ◌ി മ സ ജ ഖ വ ഗ ◌് ള
◌ു ക ത ത ണഃ◌(ജ ൾ ബ ◌ു ന ൾ ള ക ജ ◌ി
വ ശ ല ഷ ല ഫ റ ന ◌ീ ൾ ള ഹ പ ഗ യ ൽ
◌ാ ഷ ര ഖ എ യ ങ ൾ ൻ ൽ ല ബ ണ ൻ ശ ൽ
യ ൻ വ ◌െ ജ ◌ി റ ◌് റ ◌േ ഷ ൻ ജ സ ഷ ങ
ആ ഖ ഹ ഖ ല വ ◌ൃ ക ◌് ഷ ◌ം ൻ ഹ ൾ വ ത

മുള
ബീൻ
ബെറി
പൊതുവായ
ബുഷ്
കള്ളിച്ചെടി
വളം
ഫ്ലോറ
പൂവ്
സസ്യജാലങ്ങളിൽ
വനം
തോട്ടം
പുല്ല്
ഐവി
മോസ്
ഇതള്
റൂട്ട്
തണ്ട്
വൃക്ഷം
വെജിറ്റേഷൻ

87 - Countries #2

ഹ പ ആ ജ ൻ ന ൻ ല അ ജ ല പ ൻ ഴ ദ ഹ
◌ാ ◌ൊ ണ മ സ ഖ ഢ യ ങ ൽ മ ണ ഗ ങ ദ ല
റ ക ന ◌െ ◌ി ദ ഉ ര ട വ ബാ ◌െ സ ബ ബാ ◌െ
◌് ◌ി ല ക റ ക ള ത ണ ആ ച ◌േ ക ട ബ ബ
റ സ ഹ ◌് ◌ി ന ◌േ പ ◌് പ ◌ാ ൾ ന ◌് പ ◌ീ
◌ി ◌് സ സ യ ◌് ഷ റ ◌ാ ഖ ന എ ഢ ◌ി ക ര
വ ഥ ങ ◌ി പ ഖ യ വ ഗ ൻ ൾ അ ശ ഉ യ ◌ി
യ ◌ാ ള ക ◌് ത ങ ത ഉ അ ര ൻ ഷ ഫ ല യ
ഖ ൻ ഹ ◌് യ ജ പ ◌് പ ◌ാ ൻ ഫ പ യ ◌ി ര
സ എ ഖ ക ◌ഃ ◌ൃ ണ ൻ ഹ ല ല ള ബ ൽ സ മ ◌ി
വ ല സ ◌ഃ ◌ൃ ◌് ൾ ഴ സ ◌് വ ◌ഃ ◌ൃ ◌ാ ല സ ◌ാ ജ
ഗ ◌െ ൾ ള ത ഷ ണ ◌് ബ എ ഷ വ ഗ ◌ു ◌ാ ◌ൃ ◌ീ
ഖ ബ ദ ക എ ഴ ൻ ര ◌േ ◌് ക ഉ ല ഢ സാ ◌െ
ണ ന ഹ ൻ എ ന ജ ◌ീ പ ല ഫ ണ ൾ ◌ാ ഉ ന
യ ൻ ജ ഫ ഴ ള ക ◌് ക ◌് ർ മ ◌ാ ൻ ◌െ ഢ
ശ ള ങ ബ ഴ ബ ശ ഗ ണ പ ന എ ഢ ഴ ആ ക

അൽബേനിയ
ഡെൻമാർക്ക്
എത്യോപ്യ
ഗ്രീസ്
ഹൈറ്റി
ജമൈക്ക
ജപ്പാൻ
ലാവോസ്
ലെബനൻ
ലൈബീരിയ
മെക്സിക്കോ
നേപ്പാൾ
നൈജീരിയ
പാകിസ്ഥാൻ
റഷ്യ
സൊമാലിയ
സുഡാൻ
സിറിയ
ഉഗാണ്ട
ഉക്രേൻ

88 - Adjectives #2

ച	വ	യ	മ	◌ാ	ര	ക	യ	ഗ	◌്	◌ഃ	ര	ആ	ഉ	പ	സ
ഉ	◌ൂ	◌ി	ശ	ഴ	ഷ	ഷ	വ	പ	ഴ	ത	ഴ	ധ	ൽ	◌ു	◌ൃ
എ	ത	ട	വ	അ	ഉ	ല	◌ോ	ങ	വ	ജ	അ	◌ി	പ	ത	ഷ
ഡ	◌ി	◌്	◌ു	ര	ഴ	ട	ൽ	ഹ	ന	ൽ	ഴ	ക	◌ാ	◌ി	◌്
ഹ	ക	ശ	ത	ള	ണ	ഗ	ഡ	ഫ	ങ	ഖ	ഉ	◌ാ	ദ	യ	ട
ഉ	◌ൃ	ള	സ	ര	◌്	◌ാ	◌്	വ	ൽ	ൾ	അ	ര	ന	ഉ	◌ി
യ	ര	◌ോ	◌്	ഡ	വ	ള	ത	◌്	ത	ണ	ഭ	◌ി	ക	ട	പ
◌ാ	◌്	ത	ശ	യ	മ	◌ാ	ത	◌്	ക	ശ	◌ി	ക	◌്	ആ	ര
മ	പ	ന	ര	വ	ഖ	ജ	ദ	ച	മ	ഉ	മ	ല	ഷ	ഡ	മ
ര	ക	◌ം	◌്	ക	റ	ഉ	എ	◌ി	ണ	ക	◌ാ	ട	മ	ബ	◌ാ
ക	അ	ഗ	പ	◌്	◌്	പ	ഉ	ന	ഹ	പ	ന	ണ	◌ം	ൾ	യ
സ	മ	◌്	മ	◌ാ	ന	◌ി	ച	◌്	ച	◌ു	◌ം	ഖ	ശ	ജ	ന
ര	ഉ	ൽ	ള	സ	ര	ഷ	ന	പ	ഗ	ആ	ഫ	ഫ	വ	ഡ	ബ
വ	◌ി	ശ	ക	◌്	ക	◌ു	ന	◌്	ന	◌ു	ക	ണ	ണ	ണ	ള
ണ	അ	വ	ഖ	എ	ൾ	ച	ഉ	പ	വ	ല	ങ	ങ	ഴ	ൾ	വ
ണ	ന	ശ	വ	ള	ണ	ഗ	ട	സ	ച	വ	ര	ഷ	ഡ	ൽ	ണ

ആധികാരിക
സൃഷ്ടിപരമായ
വിവരണാത്മക
ഡ്രൈ
ത്ത
പ്രശസ്ത
സമ്മാനിച്ചു
ആരോഗ്യകരമായ
ചൂടുള്ള
വിശക്കുന്നു
രസകരമായ
പ്രകൃതി
പുതിയ
ഉൽപാദനക്ഷമം
അഭിമാനം
ഉത്തരവാദി.
ഉപ്പ്
ഉറക്കം
ശക്തമായ
വൈൽഡ്

89 - Psychology

ക ◌് ല ◌ി ന ◌ി ക ◌് ക ൽ ദ സ ന പ ണ ദ
ജ ഡ അ ബ ഴ ത ന ഹ ഫ പ അ ണ ◌ി ◌് ള ല
ശ ഗ ൾ റ ഷ ഖ ക ൾ ശ ദ അ ഡ യ ര ഹ ഹ
ര ൾ ഗ ക ◌ി ബ ച യ ക ഏ യ ക മ ശ ആ ഡ
സ ങ വ ണ ൾ വ ഏ ൾ അ ത ഏ ◌ു ന ◌് ശ ഡ
ആ ങ ജ അ സ ൽ ◌് ന ന ഖ ന ട ◌ം ന യ ത
വ ◌് യ ക ◌് ത ◌ി ത ◌് വ ◌ം ◌് ഏ ◌ം ങ വ
സ ന ഷ ത സ ത ത ച പ ഷ ഹ ട ◌ി ൻ ◌് ◌ി
◌ം പ ച യ ◌് ◌് ◌െ ര അ ച അ ◌ി സ ച ങ ക
വ ◌് ഉ ള ന ര റ വ ട ജ ര ക ക ൽ ൾ ◌ാ
◌േ വ ശ ഴ മ ◌ു ◌ാ ഹ ബ ച യ ◌് ണ യ ഏ ര
ദ ◌് ണ ത ധ യ പ ബ സ ഹ ങ ക ഡ ച ഡ ങ
ന സ ജ വ ഃ◌്ര ◌ി ◌് ശ ക ണ ര ◌ാ ധ ഹ ട ◌്
◌ം ല ങ ശ ബ ല പ ന ൽ ദ ജ ല വ ഫ ച ങ
ങ ള ല ഗ പ ◌ി ◌ി ഷ ◌ം ർ ഘ ◌ം സ ൾ ട ൾ
വ ൾ ബ ക ഉ വ പ ◌െ ര ◌ു മ ◌ാ റ ◌് റ ◌ം

നിയമനം
വിലയിരുത്തൽ
പെരുമാറ്റം
കുട്ടിക്കാലം
ക്ലിനിക്കൽ
അറിവ്
സംഘർഷം
സ്വപ്നങ്ങൾ
അഹം
വികാരങ്ങൾ
ആശയങ്ങൾ
ധാരണ
വ്യക്തിത്വം
പ്രശ്നം
സംവേദനം
ഉപബോധമനസ്സ്
തെറാപ്പി
ചിന്തകൾ

90 - Math

ദ വ ച സ ഫ ങ ഉ ഴ ൽ പ ◌ോ ള ◌ി ഗ ◌ോ ൺ
ദ ◌ീ ◌് ◌ു എ ക ◌് സ ◌് പ ◌ോ ണ ന ◌് റ ◌്
ഖ ഹ ർ യ റ ൾ അ പ ഫ ൾ ഫ ഹ ൻ ഹ ജ ഖ
പ ഹ ക ൎഘ ◌ാ ◌് ഡ ഹ ത ന ണ സ ട യ ജ ൻ
ത ◌ി ണ ഗ ച സ റ ഷ ഴ ൽ ഫ ഉ ങ ട ച ശ
◌് എ ജ പ ജ ത ◌ം ള സ മ ◌ാ ന ◌് ത ര ◌ം
ര ള ◌് പ ണ ◌ി ◌ു ഫ വ ഡ ◌ി വ ◌ി ഷ ൻ ◌ാ
◌ി യ യ ഡ വ ◌ി എ ര ശ ◌് ഫ സ ഡ ണ ട ശ
ക ട ◌ാ ശ എ മ ഷ ആ ◌ം സ ൾ മ ങ ൽ ശ ദ
◌ോ ക മ ബ ബ മ പ ൻ ◌ം ഉ ല വ ക ത ത ങ
ണ ആ ◌ി ◌് യ സ ത ക അ യ ഹ ◌ാ ച പ ഡ യ
◌ം ര ത ദ ൽ ഷ ങ ൾ ൾ അ ഗ ക ഹ ട ര എ
ഡ ◌ം ◌ി ◌ം ഷ വ ര ശ ള ൾ ബ ◌് പ അ യ ത
ച ൽ ച ആ ◌ം ഗ ◌ി ള ◌ു ക ൾ യ ങ ജ ഷ ള
ണ ഖ ഴ ഷ ണ ണ ഴ അ ഖ ഉ ഹ ◌ം യ ഴ വ ശ
ന മ ◌് പ റ ◌ു ക ൾ എ ങ പ ന അ വ യ ഷ

ആംഗിളുകൾ
ഗണിത
ദശാംശ
വ്യാസം
ഡിവിഷൻ
സമവാക്യം
എക്സ്പോണന്റ്
അംശം
ജ്യാമിതി
നമ്പറുകൾ
സമാന്തരം
ചുറ്റളവ്
പോളിഗോൺ
ആരം
ദീർഘചതുരം
കവല
സം
സമമിതി
ത്രികോണം
ശബ്ദം

91 - Water

ഈ സ ള ള ച ട ഖ എ ശ ന മ ക വ ഹ ക വ
ള ർ മ ൻ ണ ഗ ദ ഡ യ ശ ച ൺ ച ട പ ◌െ
ജ സ പ ◌ു മ ഞ ◌് ഞ ◌് ൻ ◌ു അ സ ഷ ല ള
ല യ ബ ◌് ദ ഫ ല ല ബ ഉ ഴ മ അ ◌ൂ ൽ ◌്
സ ◌് ക ബ പ ◌് ഷ ഹ ശ ജ ല ശ ആ ങ ൻ ള
◌േ ◌ൈ ച ച ള ◌ം ര ഫ ട ഡ ◌ി ര ഹ ല ഗ പ
ച ഗ ങ ഡ ത ഡ യ ◌ം ഷ ച ക ങ ത ൽ ഴ ◌്
ന ട ആ ഹ ശ ഹ ഖ ദ ള ഞ ◌് ഞ ന ന ണ പ
◌ം ഖ ഴ ണ ഡ ല ച ദ ബ ല ക ൻ ഷ ണ അ ◌ാ
ബ ◌ാ ഷ ◌് പ ◌ീ ക ര ണ ◌ം ◌ാ വ ഖ ച ശ ക
ക ല ട ഡ ത ഫ ഖ ഫ ഖ പ റ ഷ വ ർ ഖ ◌്
മ ഞ ◌് ഞ ◌ു ◌ം യ എ അ ക ◌് ഐ സ ◌് ഹ ക
ആ ദ ജ ആ ബ ശ ജ ഗ ഗ ഗ റ ന എ വ ജ ◌ം
ഹ ൻ ൽ ◌ാ ന ക ◌ം ◌ാ ട ത ◌് ഖ ദ ച ന യ
ന ള ല ത ദ ത ങ ച ഷ ക ട ര ൽ ത ര ഫ
ഗ ഹ ഴ ഹ ◌ി വ ആ ഹ സ ട ആ ട ഴ ജ യ ഗ

കനാൽ
നനഞ്ഞ
ബാഷ്പീകരണം
വെള്ളപ്പൊക്കം
മഞ്ഞ്
ഗെയ്സർ
ചുഴലിക്കാറ്റ്
ഐസ്
ജലസേചനം
തടാകം
ഈർപ്പം
മൺസൂൺ
സമുദ്രം
മഴ
നദി
ഷവർ
മഞ്ഞും
ലഹരി
ആവി

92 - Activities

സ പ ഉ ഉ എ ള ഴ വ എ ക പ ഖ ത പ ത വ
ഫ ◌െ ഡ ന പ ൻ ല ഫ ൽ യ ◌് യ ത സ ◌ാ ◌ി
◌ഃ മ റ യ ല ഗ ൽ ങ ക പ ര ഖ ച ◌ി ൽ ന
ട ത ഷ ◌ാ ൽ ◌് വ ള ഇ യ വ പ ട ല പ ◌ഃ
◌് ◌് ബ വ മ പ ആ ന ആ അ ർ യ ത ◌ു ◌് ദ
ട സ ഖ ഉ ഹ ◌ി പ എ വ എ ത ഫ ല ക പ ◌ം
◌ഃ ◌് ഹ ൽ ര ◌ം ക ക എ ണ ◌് ആ ൾ ൾ ര ന
ഗ യ ഷ ൻ ദ മ ◌് ◌് ജ യ ത എ ഹ ക ◌് ◌ൃ
◌് ബ ശ ൽ അ ◌് ജ ഉ സ ജ ന ദ ശ മ യ ത
ര ന ഷ ഗ ഖ യ ◌ി സ ദ ◌് ◌ം ഖ ണ ◌ു ങ ◌്
◌ാ ◌് ങ യ ജ ◌ാ ◌ാ ട ന ◌് ഡ വ യ യ ◌് ത
ഫ ധ ക എ ന ◌് മ ട പ ◌് യ യ ജ ◌ി ങ ◌ം
◌ി ന ല ശ ◌ൌ ക ര ക ൽ ദ ത ◌ാ ദ ◌െ ൾ ണ
ദ ◌ം ന ◌ാ യ ◌ാ ട ◌് ട ◌് ഫ ◌ഃ ന ഗ അ ഴ
സ ◌് ക ◌ി ൽ ഷ ദ ൽ ണ ട ബ ല ഷ ത ശ ഗ
ൾ അ ബ ഫ ഖ ക സ ബ ബ പ ൻ ച എ ◌ം ൽ ഡ

പ്രവർത്തനം
കല
ക്യാമ്പിംഗ്
സെറാമിക്സ്
കരകൌശല
നൃത്തം
മത്സ്യബന്ധനം
ഗെയിമുകൾ
ഉദ്യാന
നായാട്ട്
താൽപ്പര്യങ്ങൾ
വിനോദം
മാജിക്
ഫോട്ടോഗ്രാഫി
സന്തോഷം
പസിലുകൾ
വായന
ഇളവ്
തയ്യൽ
സ്കിൽ

93 - Business

ഴ ഷ വ ഷ ഖ ക ർ ജ ന ◌േ ◌ാ മ ത ട ക ശ
ഖ ഗ ര ര ഷ ള ഉ ഗ ഖ ◌ി സ ൻ റ ക ര ഗ
ഖ ക ഗ ബ ◌ു ദ ഭ ണ ച ബ ക ത ട ഫ ◌ി ക
ഓ ഫ ◌ീ സ ◌് മ ◌ം ഗ ഗ ജ ച ◌ു യ ഖ യ ഫ
ച ൾ ജ ഹ ണ ട ◌ാ ൻ ബ റ വ ആ ത റ ർ ത
ഉ ◌െ ആ ത ട ല ല ന സ ◌് ൻ ന ◌ാ ◌ി ഫ ട
ഡ ൻ ല ജ ◌് ◌ു ന ◌ി ◌ം റ ഇ ഴ വ ട ക ഉ
ഖ ഉ ഖ വ ണ ഴ ◌ി പ ഡ ◌് ട ര ◌ി ക ◌് ൾ
പ ര ജ ല ◌് ◌ി ക ◌് ങ ഴ പ ര ൽ ◌് ◌് ജ
ണ ഫ എ ണ ക ◌ൃ ◌് മ ര പ ◌ാ ഷ പ ◌ാ ക പ
◌ം ബ ഖ എ ◌ൗ ത ഷ ക ന ൽ ട ല ◌് ഫ ര ദ
ഡ ൻ പ ണ സ യ ◌േ ഷ സ ക ◌് ഉ പ ശ ച ആ
ഷ ൽ ഡ ല ◌് ഷ പ ഖ ന ഖ ങ ഖ ന ര ഗ ഉ
ള ശ ങ ച ◌ി ച ◌ം ൻ സ ശ ഉ ച ശ ച ശ ഫ
ഡ ബ ല ദ ഡ ഉ ൽ യ ബ ക ശ പ ന പ പ ള
ഹ ഫ ള ഡ ച ക ണ ന ഫ ജ ദ ത ജ ഗ ണ ഉ

ബജറ്റ്
കരിയർ
കമ്പനി
ചെലവ്
കറൻസി
ഡിസ്കൗണ്ട്
തൊഴിലുടമ
ഫാക്ടറി
ഫിനാൻസ്
വരുമാനം
നിക്ഷേപം
മാനേജർ
ചരക്ക്
പണം
ഓഫീസ്
ലാഭം
വിൽപ്പന
കട
നികുതികൾ
ഇടപാട്

94 - The Company

ട	ന	സ	ഫ	ൻ	ബ	ന	ല	ഖ	വ	ഗ	ള	ആ	ന	ള	സ
◌്	ട	◌ൃ	ൽ	ന	◌ി	ഗ	എ	ആ	ങ	ൽ	ള	സ	ആ	ല	ക
ര	ൽ	ഷ	യ	◌ം	സ	◌ാ	വ	യ	◌്	വ	◌്	ൾ	പ	യ	ര
◌െ	ബ	◌്	ഷ	മ	◌ി	വ	◌േ	ത	ന	◌ം	യ	ത	ൾ	◌ൂ	ആ
ൻ	വ	ട	ന	◌ാ	ന	അ	എ	സ	ട	ല	◌ു	ഹ	ആ	ണ	ആ
ഡ	വ	◌ി	പ	◌ു	സ	പ	ത	ഹ	◌ാ	ഡ	മ	ണ	ൽ	◌ി	പ
◌ു	ൽ	പ	◌ം	ര	◌്	ൻ	ദ	ണ	ൽ	ധ	ന	ച	ഴ	റ	◌്
ക	ണ	ര	ഷ	വ	സ	ഹ	എ	ദ	ദ	ഡ	◌്	ശ	◌ി	◌്	ര
ൾ	ഡ	മ	◌േ	ഡ	◌്	ങ	ഹ	ഡ	എ	യ	മ	യ	◌്ര	റ	◌്ര
യ	ല	◌ാ	ക	പ	◌ു	ര	ഃ◌്ര	ഗ	ത	◌ി	◌േ	ജ	ത	◌ു	ഫ
ഉ	മ	യ	◌്	അ	വ	ത	ര	ണ	◌ം	ല	ണ	അ	ങ	ക	ഷ
ഹ	ഫ	◌ാ	◌ി	ഉ	ഹ	ല	ര	ഡ	ഷ	ത	◌ു	ൽ	പ	ൾ	ണ
ബ	യ	യ	ന	◌ം	ന	◌്	പ	◌്	ത	ഉ	ഗ	ണ	ഗ	ക	ൽ
ക	ബ	ത	ൾ	ത	◌ി	സ	◌്	ശ	ര	◌്	പ	ര	ജ	ട	ട
ത	ത	ങ	ഗ	ബ	◌ൂ	വ	◌ി	ഭ	വ	ങ	◌്	ങ	ൾ	ഴ	ൽ
ത	◌ീ	ര	◌ു	മ	◌ാ	ന	◌ം	ജ	ഴ	ജ	ന	ബ	ഹ	ഴ	ട

ബിസിനസ്സ്
സൃഷ്ടിപരമായ
തീരുമാനം
തൊഴിൽ
വ്യവസായം
നൂതനമായ
നിക്ഷേപം
സാധ്യത
അവതരണം
ഉത്പന്നം
പ്രൊഫഷണൽ
പുരോഗതി
ഗുണമേന്മയുള്ള
പ്രശസ്തി
വിഭവങ്ങൾ
വരുമാനം
അപകട
ട്രെൻഡുകൾ
യൂണിറ്റുകൾ
വേതനം

95 - Literature

ജ സ ര ങ യ സ ഫ ഴ ച ൻ വ ട ഗ ഴ ഹ ല
◌ീ ദ ങ ഡ ജ ഡ ◌ം ◌ി ഡ ശ എ ◌ി ള ള ക ണ
വ ങ എ ത ത ഹ ഗ ഭ ക ച ണ ൾ വ ൽ ങ ഉ
ച ആ വ ◌ാ ത ◌ീ ◌ം ഗ ◌ാ ◌് ൾ ങ ◌് ര ങ ഴ
ര ങ ര ള ക ആ ഹ ന ഫ ഷ ഷ വ ത ഹ ണ ൾ
◌ി ക ര ◌ം ഹ ◌ാ ◌ം സ പ ഉ ണ ൻ ◌ാ ബ ച ◌ം
ത ◌ാ ശ ◌ൈ ല ◌ി ര ◌ൂ പ ക ◌ം ◌ം ◌ി ങ ങ ണ
◌് വ ഫ ഷ ന ൽ യ നഃ ◌്ര വ ൽ സ യ ച വ ബ
ര ◌് ആ ഖ ◌് യ ◌ാ ത ◌ാ വ ◌് ഖ ച അ ന ആ
◌ം യ ◌ം മ ◌് ത ര ◌ാ ത ◌ം ന ◌് ര ◌ു ദ ൽ
ൾ ◌ാ ട ബ ഹ ക വ ◌ി ത സ ഹ ഹ ◌ാ സ ◌് യ
ക ത ത ള ഷ ര ഴ ന ക ആ ട പ അ ൻ ക ഥ
ആ ◌് ൻ ഉ ങ സ പ ല ള ഴ ൻ എ ര ആ ൻ ഹ
ങ മ ശ ര ച ല ഖ ബ ഹ ഴ ൻ വ ങ ര ത ഹ
ജ ക ല ണ അ സ ണ ത അ ത ഹ ഴ വ ഗ ത ണ
ന ◌ം ല ക ശ ◌ി വ ഫ ക ഴ ൾ ച ങ ദ ഉ ജ

വിശകലനം
കഥ
രചയിതാവ്
ജീവചരിത്രം
താരതമ്യം
ഉപസംഹാരം
വിവരണം
സംഭാഷണം
ഫിക്ഷൻ
രൂപകം
ആഖ്യാതാവ്
നോവൽ
കവിത
കാവ്യാത്മകം
ഹാസ്യ
താളം
ശൈലി
തീം
ദുരന്തം

96 - Geography

ൽ	ഖ	പ	ഡ	അ	ൻ	സ	ഴ	ല	ശ	അ	വ	ല	ര	ക	ശ
ക	ണ	വ	ല	റ	ര	ഗ	ഉ	◌േ	ഖ	ക	ഡ	ൾ	ങ	ട	വ
ക	ര	◌ം	ദ	◌്	◌ു	മ	സ	◌ാ	എ	◌്	ബ	ദ	ര	ൽ	ന
ശ	സ	ര	ങ	റ	ന	ദ	◌ി	ക	ഉ	ഷ	ണ	ച	ഷ	ജ	ട
ആ	ച	യ	ത	◌്	ഹ	ൻ	ള	◌ം	ൽ	◌ാ	ദ	ന	ബ	എ	ര
അ	ആ	ഉ	ക	ല	ൾ	ന	ഗ	ഴ	ശ	◌ം	ദ	◌േ	ര	◌്	പ
ർ	യ	ഫ	◌ി	സ	◌്	മ	◌ി	◌െ	ഹ	ശ	ജ	ക	ണ	മ	◌്
വ	ൽ	സ	ഡ	◌്	അ	ര	പ	ഹ	ഹ	◌ം	ഹ	ൻ	ഭ	◌െ	വ
ട	ട	ഫ	◌ം	ര	ഗ	ന	ട	ട	ഹ	ങ	ക	ച	◌ൂ	റ	◌ീ
ച	ജ	ക	ണ	ൾ	ഷ	ബ	ഗ	വ	◌ി	ഗ	ത	ബ	പ	◌ി	◌്
ഉ	ബ	◌്	◌്	പ	ഡ	ബ	ഡ	പ	ശ	ഞ	ൻ	ത	ട	ഡ	ദ
ആ	ആ	ക	ഖ	ക	അ	ഴ	ഹ	ഷ	ന	ണ	◌്	ക	◌ം	◌ി	ജ
മ	ല	◌്	◌ൂ	ക	◌്	ര	◌ാ	ജ	◌്	യ	◌ം	ഞ	ല	യ	പ
ഹ	ങ	◌െ	ഭ	ഷ	ങ	ണ	ഖ	ഫ	ദ	പ	എ	ള	◌ാ	ൻ	ബ
ൾ	ഹ	ത	ഭ	◌ൂ	മ	ദ	◌്	ധ	◌്	യ	ര	◌േ	ഖ	റ	സ
ന	അ	ട	ദ	ങ	വ	ഹ	ഹ	ഫ	ദ	അ	ള	ത	യ	വ	◌്

ഉയരം
അറ്റ്ലസ്
നഗരം
ഭൂഖണ്ഡം
രാജ്യം
ഭൂമദ്ധ്യരേഖ
ഹെമിസ്ഫിയർ
ദ്വീപ്
അക്ഷാംശം
ഭൂപടം

മെറിഡിയൻ
മല
വടക്ക്
സമുദ്രം
നദി
കടൽ
തെക്ക്
പ്രദേശം
പടിഞ്ഞാറ്
ലോകം

97 - Jazz

ശ	ഡ	ട	സ	◌്	വ	◌ാ	ധ	◌ീ	ന	ങ	◌്	ങ	ൾ	ട	ക
സ	◌ാ	ങ	◌്	ക	◌േ	ത	◌ി	ക	ത	സ	ദ	ആ	ച	◌ാ	ഗ
ഹ	ഫ	ൾ	പ	ന	ഴ	ൽ	ത	ട	ഖ	അ	ഞ	ണ	ൾ	ല	ന
ബ	ഫ	എ	ഉ	ൻ	ക	ര	ഘ	◌ോ	ഷ	◌ം	ബ	ൽ	ആ	ന	വ
പ	ജ	ള	ങ	ഗ	ദ	◌ി	പ	◌്	ര	ശ	സ	◌്	ത	◌്	ഷ
എ	ഴ	ണ	യ	ൽ	ശ	ച	ച	ൽ	ൾ	ഗ	ഖ	ബ	ഷ	റ	ര
ക	ത	യ	ഉ	ങ	സ	◌േ	ക	ഴ	ഉ	ബ	ല	ഗ	ഖ	◌്	ഫ
ച	ദ	ര	ട	◌്	സ	◌്	ക	◌്	ക	ർ	ഓ	◌ാ	ച	ന	യ
ഴ	എ	ഖ	ഷ	ശ	ള	ച	ര	യ	ശ	ശ	ൽ	ന	◌്	ന	ഊ
ഫ	സ	ബ	ൻ	അ	ങ	ക	ള	◌ം	◌ാ	ത	ശ	◌ം	ന	ബ	എ
പ	ഴ	വ	ട	ട	◌്	പ	◌െ	പ	◌്	യ	ര	◌ി	◌്	പ	ന
ന	◌ു	ൾ	സ	ര	ല	ട	വ	ജ	ണ	ഡ	ആ	പ	ൾ	യ	സ
ൻ	ങ	ത	ഘ	ട	ന	◌്	ര	ക	◌ാ	◌ാ	ല	ക	പ	ഹ	ദ
അ	ന	ല	◌ി	◌ൈ	ശ	ഗ	ങ	ള	ര	ത	◌ം	ഗ	◌ീ	◌ം	സ
ബ	ൾ	ഗ	ല	യ	ട	ത	ഖ	ക	വ	ര	ഖ	ദ	ൽ	ഫ	ൻ
യ	ത	ഡ	ഉ	ഹ	സ	ഴ	ഹ	ഷ	ജ	◌ം	ഡ	ന	ജ	ബ	ര

ആൽബം
കരഘോഷം
കലാകാരന്
ഘടന
കച്ചേരി
ഡ്രംസ്
ഊന്നൽ
പ്രശസ്ത
പ്രിയപ്പെട്ടവ
തരം

സ്വാധീനങ്ങൾ
സംഗീതം
പുതിയ
പഴയ
ഓർക്കസ്ട്ര
താളം
ഗാനം
ശൈലി
ടാലന്റ്
സാങ്കേതികത

98 - Nature

ആ	ജ	ങ	ഹ	സ	മ	◌ാ	ധ	◌ാ	ന	പ	ര	മ	◌ാ	യ	അ
ഴ	ർ	ഫ	ൾ	◌ി	ജ	ദ	ര	യ	ൽ	ണ	ഫ	ന	ക	ഫ	അ
ഖ	ഷ	ട	അ	ത	മ	◌ി	ഭ	◌ൂ	◌ു	ര	മ	ദ	ക	ഗ	ഴ
ച	ഴ	ത	◌്	ൾ	ള	◌ാ	മ	◌േ	ഘ	ങ	◌്	ങ	ൾ	സ	ദ
ള	ദ	ബ	യ	ട	പ	പ	ന	ധ	◌ാ	ര	പ	◌്	◌ു	സ	മ
ര	ര	സ	ൽ	ഷ	◌ി	ഹ	ത	◌ി	ശ	ജ	ള	ഉ	മ	മ	◌ൃ
ക	ല	ൻ	ഗ	ത	◌ം	ക	◌േ	◌്	ങ	സ	ദ	ഷ	◌ൂ	ണ	ഗ
◌്	യ	◌ു	വ	◌ാ	ധ	ദ	◌്	◌ു	ശ	ശ	ൽ	◌്	ട	◌്	ങ
മ	ല	ഞ	◌്	ച	◌െ	ര	◌ി	വ	◌ു	ക	ൾ	ണ	ൽ	ണ	◌്
◌ി	ൽ	ന	ൾ	ഷ	ച	പ	◌ി	ര	ഉ	ദ	വ	മ	മ	◌ൈ	ങ
ന	ല	അ	യ	◌ം	ര	◌്	ദ	ന	◌്	◌ൗ	സ	◌േ	ഞ	ല	ൾ
◌ാ	വ	◌ൈ	ൽ	ഡ	◌്	ര	ന	യ	യ	ഹ	ൻ	ഖ	◌്	◌ി	ഫ
◌ൈ	ണ	ഹ	ച	ഷ	വ	ന	◌ം	◌ീ	ജ	ഹ	ഉ	ല	ഞ	പ	ന
ഡ	ഷ	പ	സ	ഹ	ൾ	ദ	എ	ക	◌േ	ക	അ	◌ാ	◌്	◌്	ഗ
എ	ല	പ	ൻ	ഫ	ഖ	ദ	ബ	എ	ര	ത	ത	ൾ	അ	പ	ബ
സ	സ	◌്	യ	ജ	◌ാ	ല	ങ	◌്	ങ	ള	◌ി	ൽ	ല	◌്	ല

മൃഗങ്ങൾ
ആർട്ടിക്
സൗന്ദര്യം
തേനീച്ച
മലഞ്ചെരിവുകൾ
മേഘങ്ങൾ
മരുഭൂമി
ഡൈനാമിക്
മണ്ണൊലിപ്പ്
മൂടൽമഞ്ഞ്

സസ്യജാലങ്ങളിൽ
വനം
ഹിമാനി
സമാധാനപരമായ
നദി
സങ്കേതം
ശുദ്ധവായു
ഉഷ്ണമേഖലാ
സുപ്രധാന
വൈൽഡ്

99 - Vacation #2

റ ന ഷ ശ ങ ഏ ണ ഴ ന ണ ശ ◌ി ദ ◌േ ◌ി വ
◌െ യ ◌ാ ത ◌് ര ത ത ഫ ആ ൻ ൻ ◌ം ഡ പ ◌ി
സ ഭ ◌ൂ പ ട ◌ം ഖ ത ◌ീ ശ ട ള ന സ ◌ാ മ
◌് ദ ണ ഷ ഴ പ ഉ ഗ ഫ വ ങ ച ◌ൈ ദ സ ◌ാ
റ ആ ൻ ൾ ശ ങ വ ദ യ വ ണ ന ◌ി ശ ◌് ന
◌് ച ങ ശ ഗ ദ ◌് വ ◌ീ പ ◌് ◌് വ ദ പ ത
റ ദ ക ട ത അ വ ധ ◌ി ര അ ജ ട ◌േ ◌ൈ ◌്
◌ൈ ഉ ൻ പ ◌ാ പ ള ഹ ച ബ ജ ഖ ദ ◌ി ർ ത
റ ഡ ട ല ഗ ട ക പ ൻ ◌ീ ഹ ച ദ വ ട ◌ാ
ന ഗ പ ഏ ത സ ച ത ഏ ച ല ◌ൈ ൾ ൽ ◌് വ
◌് ൽ ആ ഴ ◌ം ക ഡ ൻ യ ◌് ട ഏ ട ഴ ട ള
റ ട ◌ാ ക ◌് സ ◌ി ള ൽ ച ഴ ൽ ഷ ◌് ◌് ◌ം
◌് ക ◌ൂ ട ◌ാ ര ◌ം ഹ ല ◌് ഫ സ വ ത ട ദ
ല ക ◌് ഷ ◌് യ സ ◌് ഥ ◌ാ ന ◌ം ക ആ ച ൽ
ക ◌് യ ◌ാ മ ◌് പ ◌ി ◌ം ഗ ◌് ഷ ങ ജ ള ൾ
ണ ആ ഉ യ വ ഴ ൽ ങ വ ഹ ബ ശ ള ക പ അ

വിമാനത്താവളം
ബീച്ച്
ക്യാമ്പിംഗ്
ലക്ഷ്യസ്ഥാനം
വിദേശ
വിദേശി
അവധി
ഹോട്ടൽ
ദ്വീപ്
യാത്ര
വിനോദം
ഭൂപടം
പാസ്പോർട്ട്
റെസ്റ്റോറന്റ്
കടൽ
ടാക്സി
കൂടാരം
തീവണ്ടി
ഗതാഗതം
വിസ

100 - Electricity

ട ബ ള ഗ എ വ ഹ ന ല ഹ ജ ണ എ ള ദ ബ
ജ ◌െ ൾ ൾ ന ൾ ഹ ഖ ഉ ൾ ബ ബ ഡ ക ജ ◌ാ
ന ച ല ബ ഡ ജ യ ൻ ഷ വ ◌ി ല ◌ി ◌െ ട റ
റ ദ ങ ◌ി ◌് വ ള അ ല റ സ അ ◌േ ശ ൻ ◌്
◌േ സ ജ ◌േ ഫ ബ ൾ ക ക ◌് ത ◌ു ◌് സ വ റ
റ ◌ം ൽ ക ണ ഃ ◌്ര ങ ◌് ന റ യ ള ൾ ദ ർ റ
◌് ഭ ര ങ ഖ ൾ ൺ ക ൻ ◌് ◌ു ഫ ജ ഹ ത ◌ി
റ ര ത ത ൻ ര ഗ ◌് ട ക ദ ര ങ ന ശ ര
ർ ണ ങ ങ ഖ ക ക ള എ ക ◌് ഉ ശ ൽ എ ഗ
ഷ ◌ം ല ള ൽ ര ഴ ◌ി യ ◌് ◌ാ ◌െ ഗ ഖ ഴ ങ ന
ന ◌െ ഗ റ ◌് റ ◌ീ വ ◌് ഃ ◌്ര വ ഖ യ ൻ ൽ ത
ഉ പ ക ര ണ ങ ◌് ങ ൾ സ വ യ റ ◌ു ക ൾ
ന ◌െ റ ◌് റ ◌് വ ർ ക ◌് ക ◌് പ ഈ ൻ പ
ഇ ല ക ◌് ട ◌് ര ◌ീ ഷ ◌് യ ൻ ൾ ബ ണ ട
ഹ ഫ ഗ ന യ സ പ ഃ ◌്ര സ ◌ി റ ◌് റ ◌ീ വ ◌്
ഗ ശ ണ ഉ ഫ ല ഡ ഉ ക ◌ാ ന ◌് ത ◌ം ത ബ

ബാറ്ററി
ബൾബ്
കേബിൾ
വൈദ്യുത
ഇലക്ട്രീഷ്യൻ
ഉപകരണങ്ങൾ
ജനറേറ്റർ
വിളക്ക്
ലേസർ
കാന്തം
നെഗറ്റീവ്
നെറ്റ് വർക്ക്
വസ്തുക്കൾ
പോസിറ്റീവ്
അളവ്
സോക്കറ്റ്
സംഭരണം
ടെലിഫോൺ
ടെലിവിഷൻ
വയറുകൾ

1 - Antiques

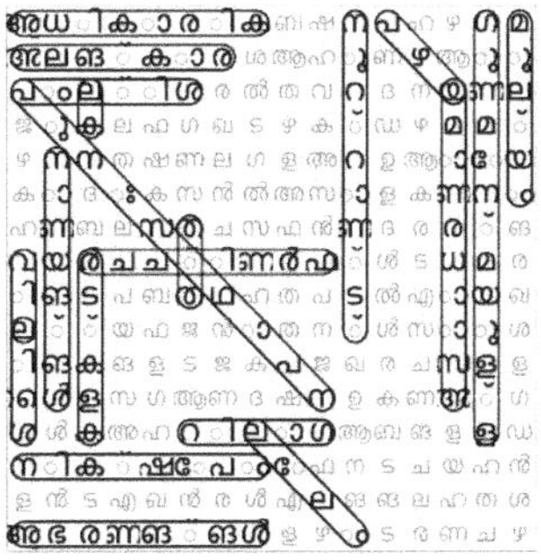

2 - Food #1

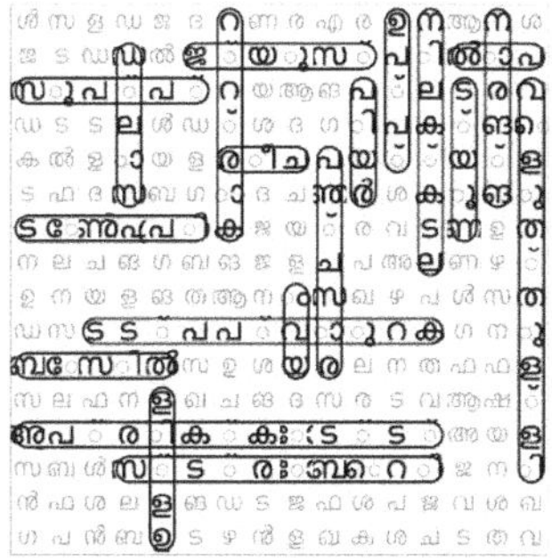

3 - Measurements

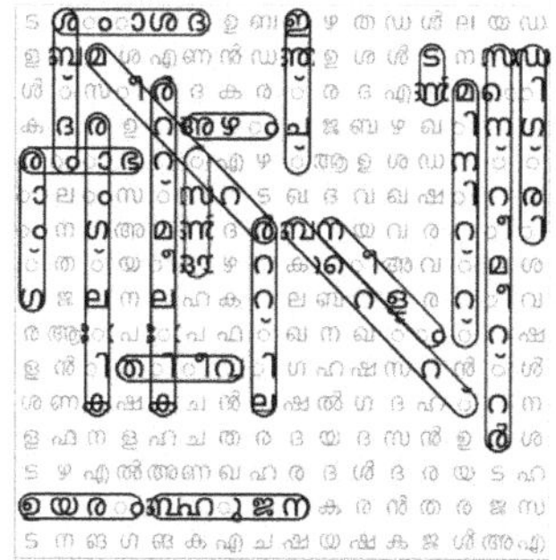

4 - Farm #2

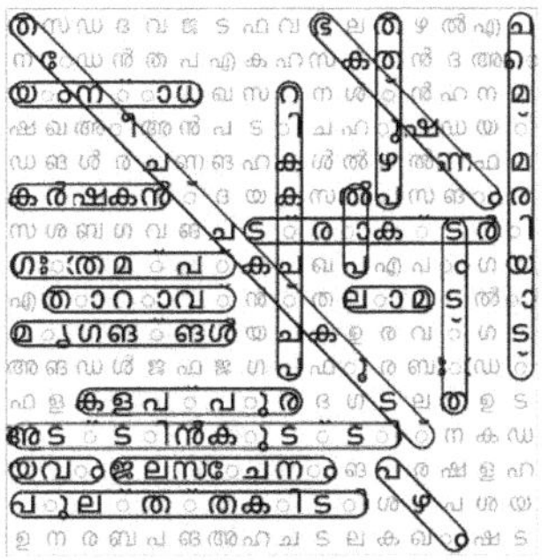

5 - Books

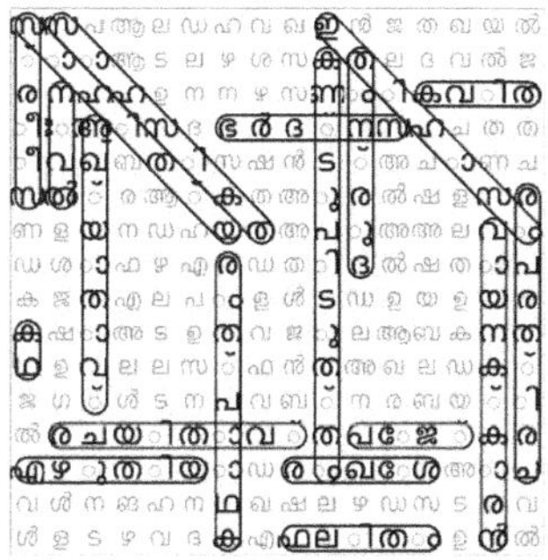

6 - Meditation

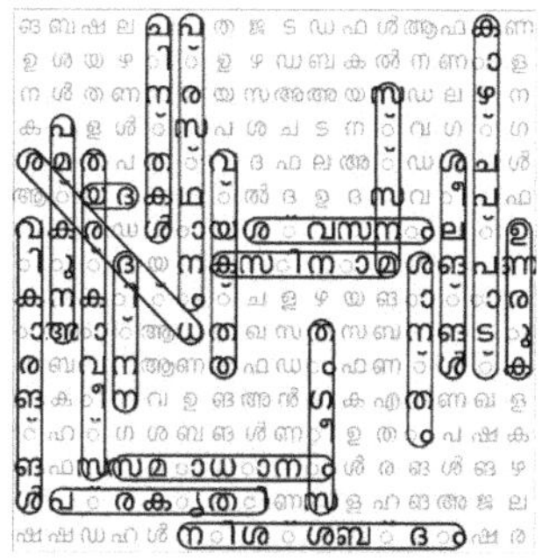

7 - Days and Months

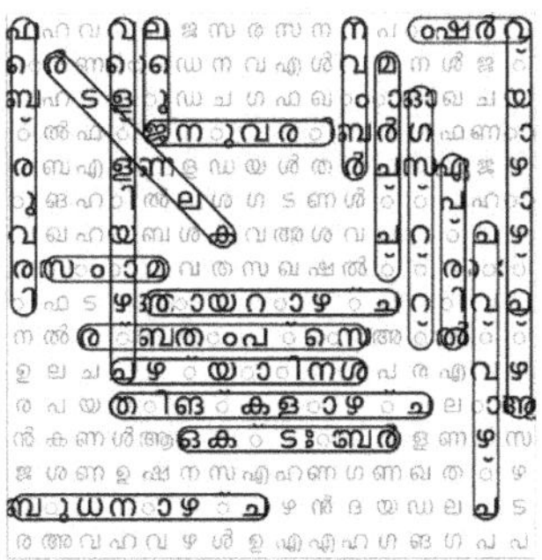

8 - Energy

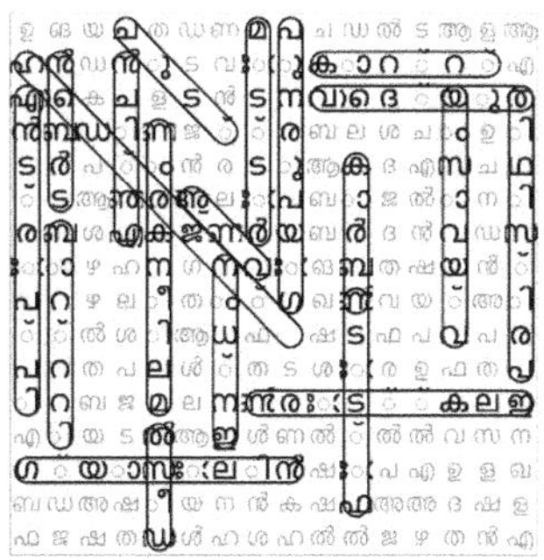

9 - Archeology

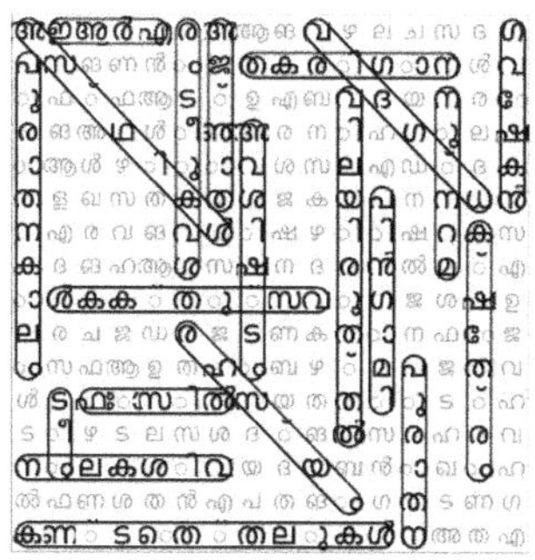

10 - Food #2

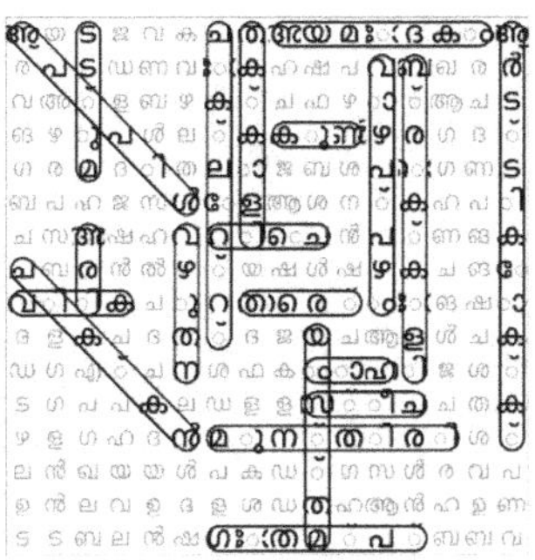

11 - Chemistry

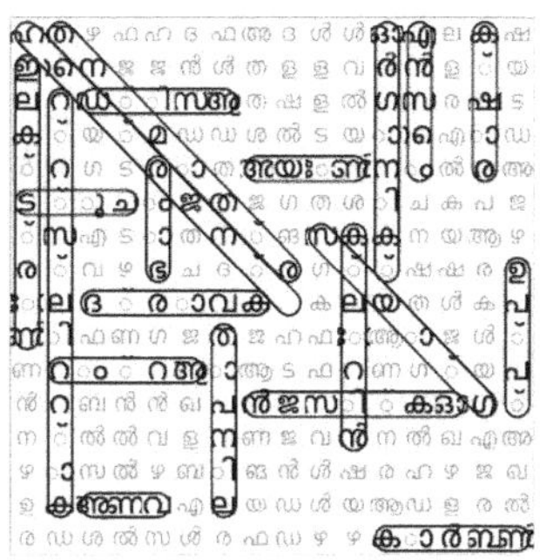

12 - Music

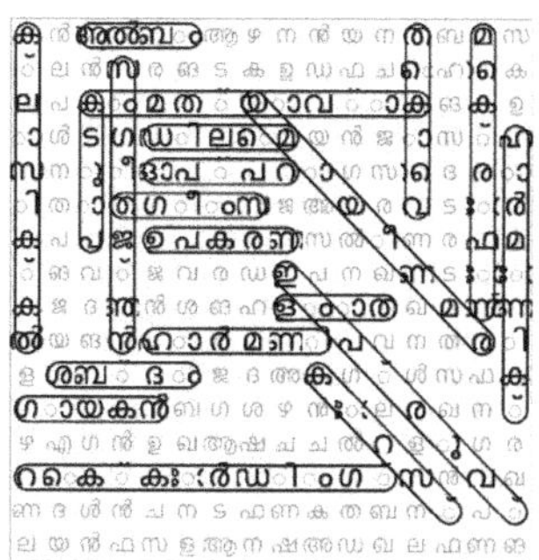

13 - Family

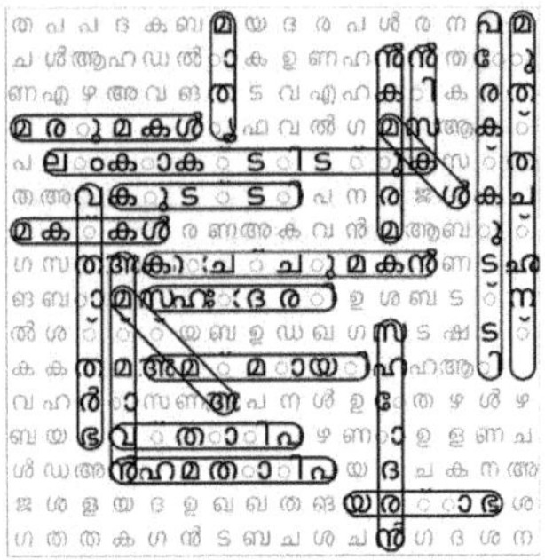

14 - Farm #1

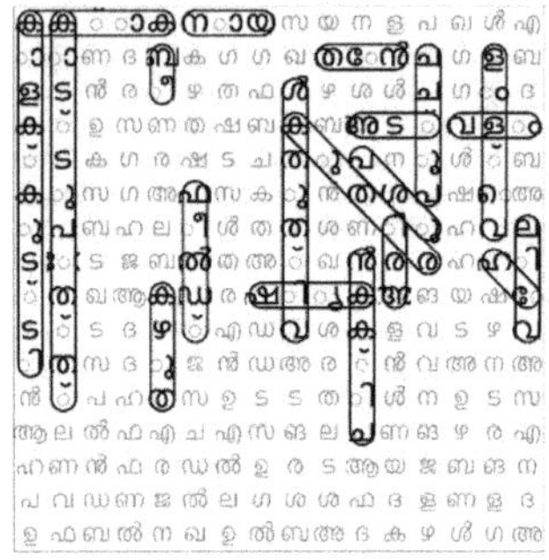

15 - Camping

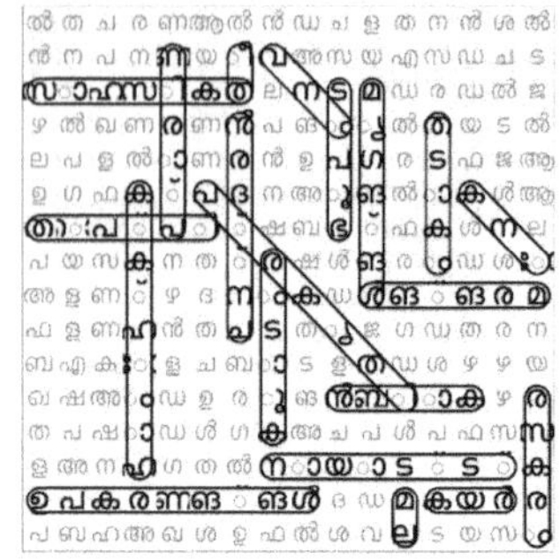

16 - Algebra

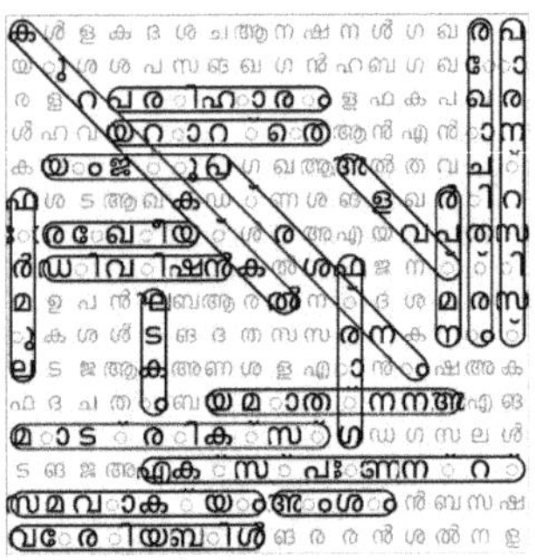

17 - Numbers

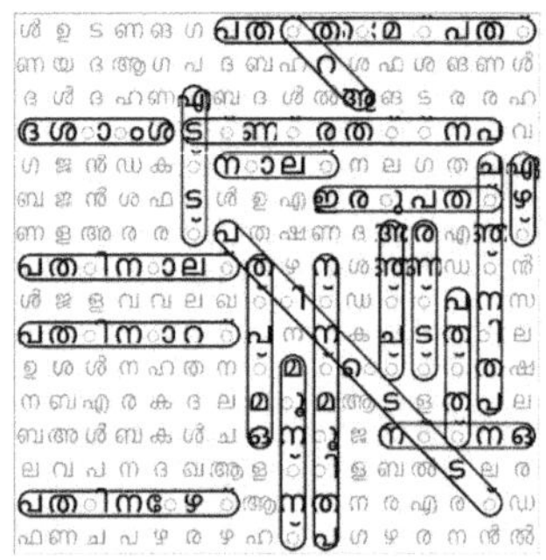

18 - Spices

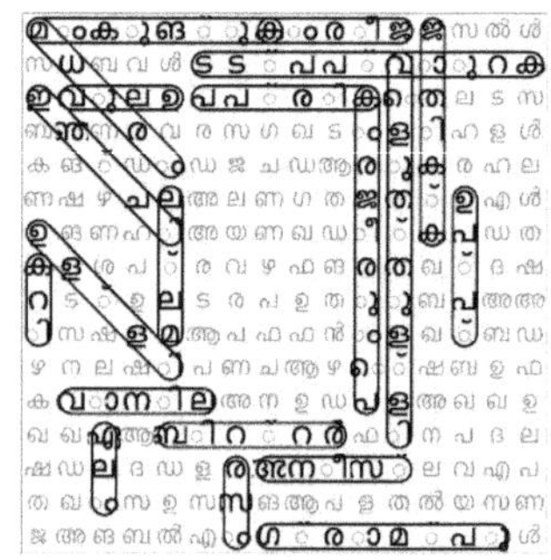

19 - Universe

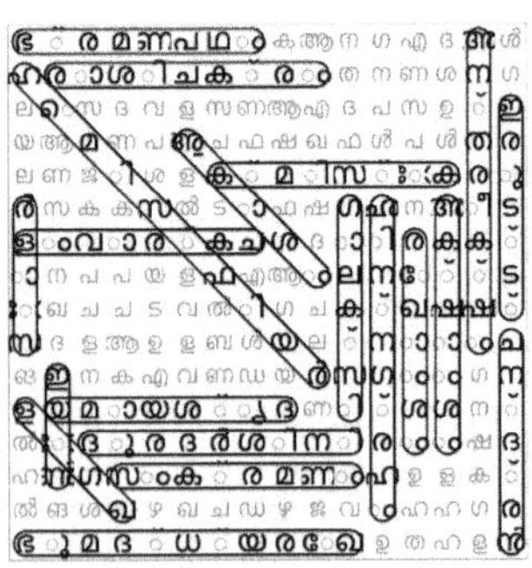

20 - Mammals

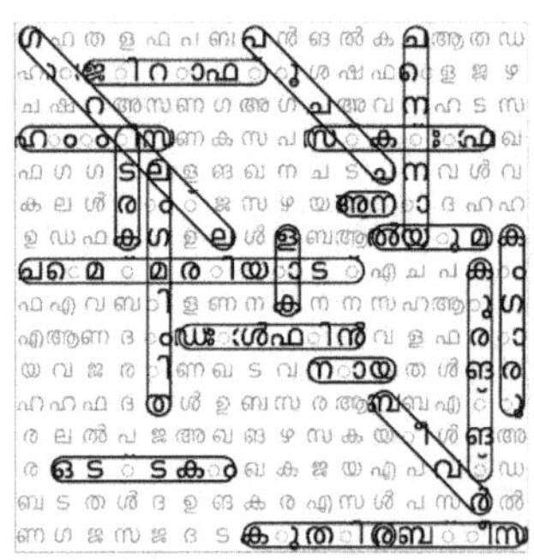

21 - Fishing

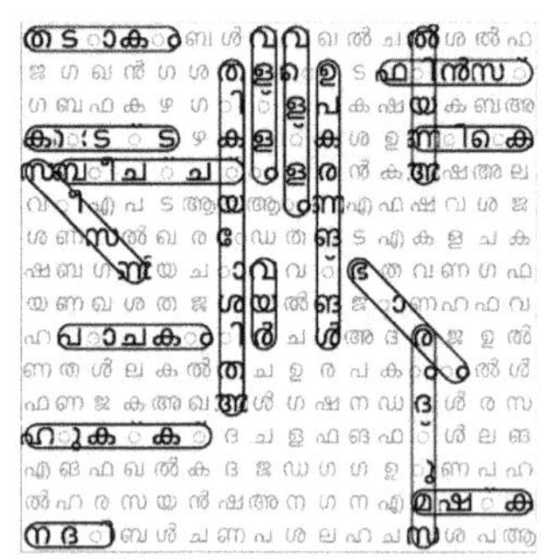

22 - Restaurant #1

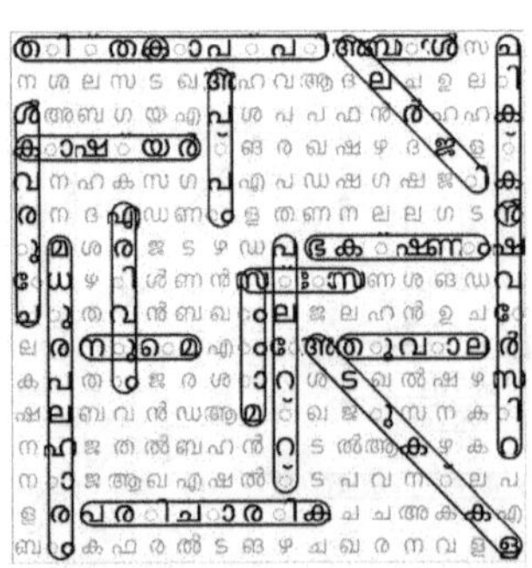

23 - Bees

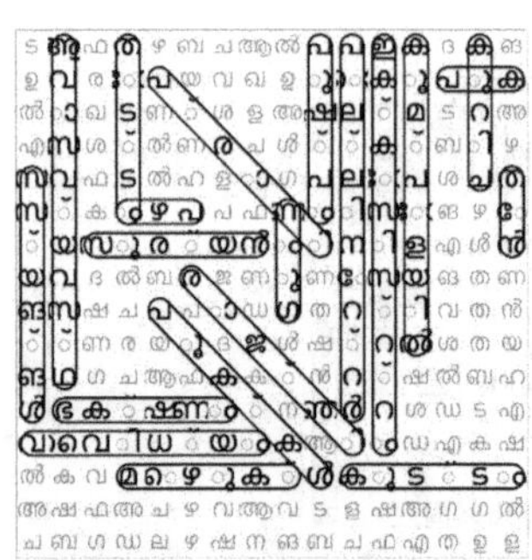

24 - Weather

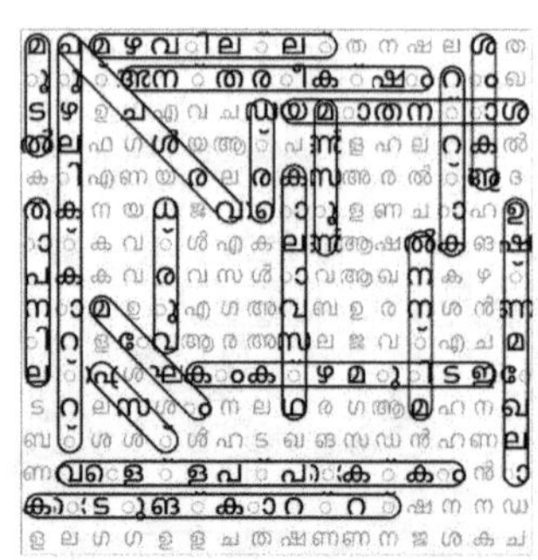

25 - Adventure

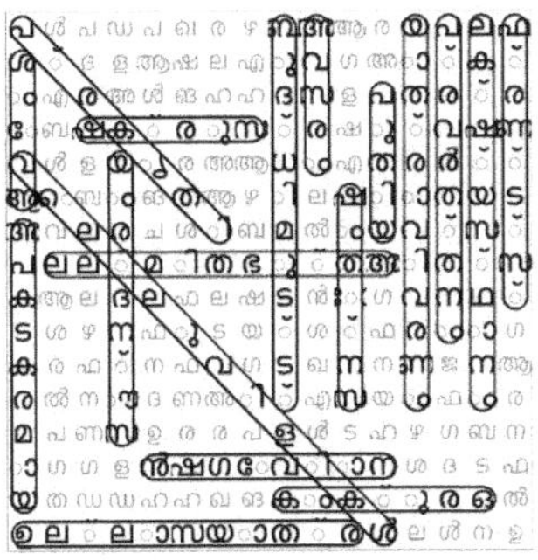

26 - Sport

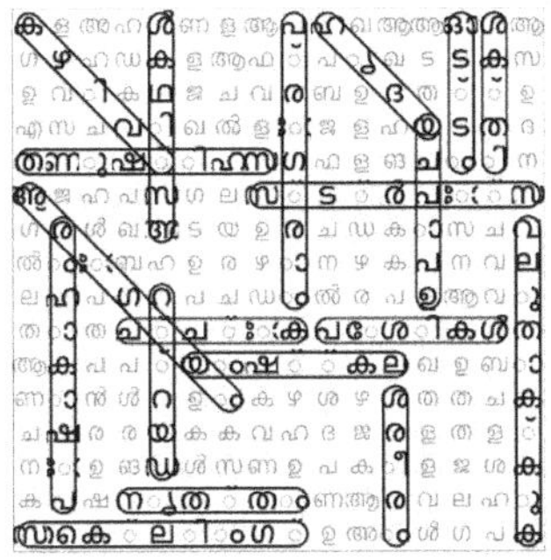

27 - Restaurant #2

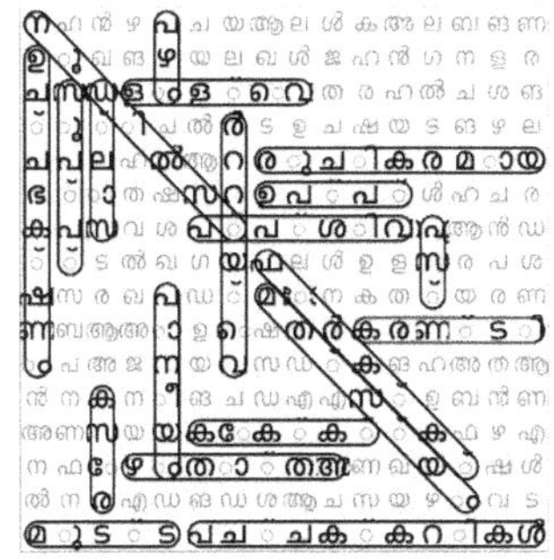

28 - Geology

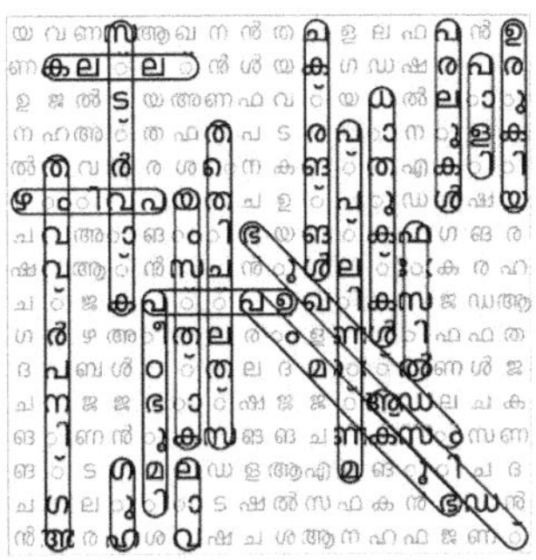

29 - House

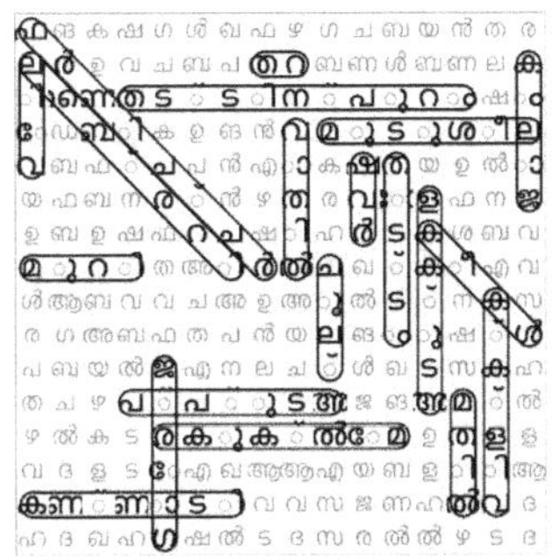

30 - Physics

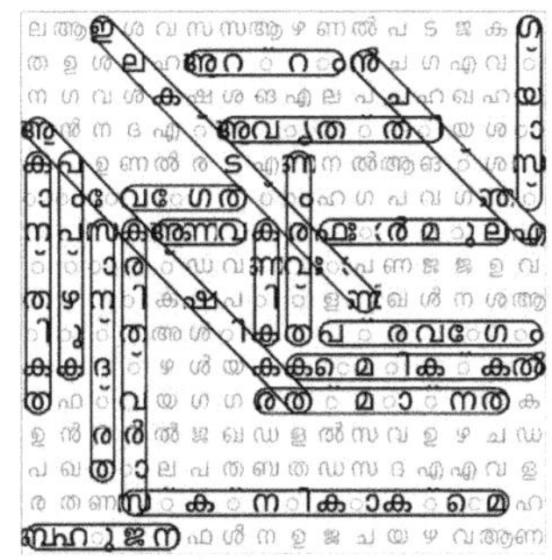

31 - Dance

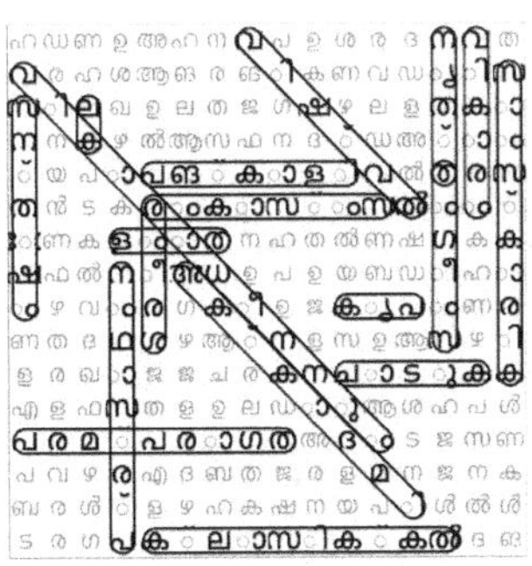

32 - Coffee

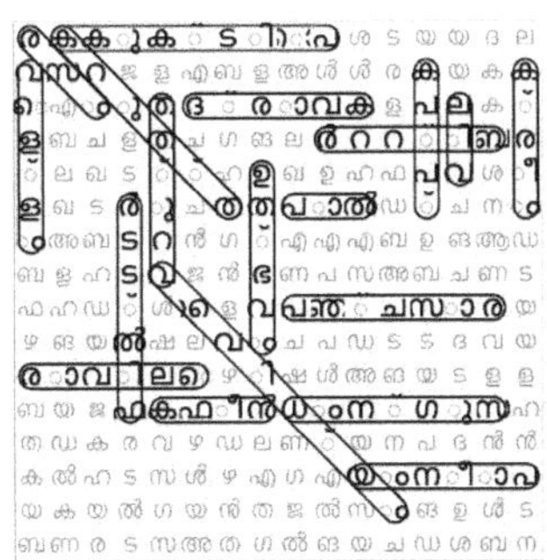

33 - Shapes

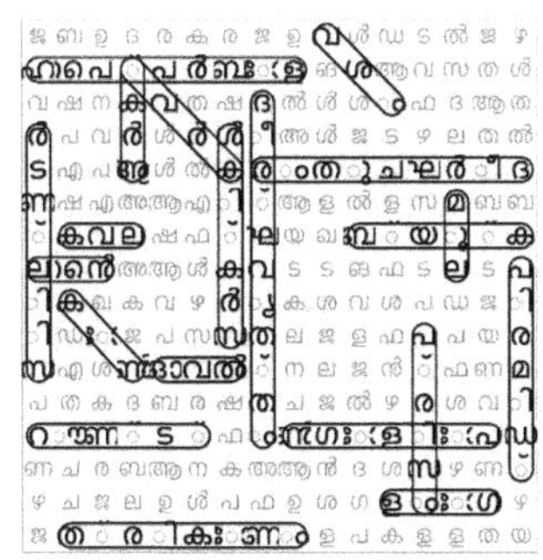

34 - Scientific Disciplines

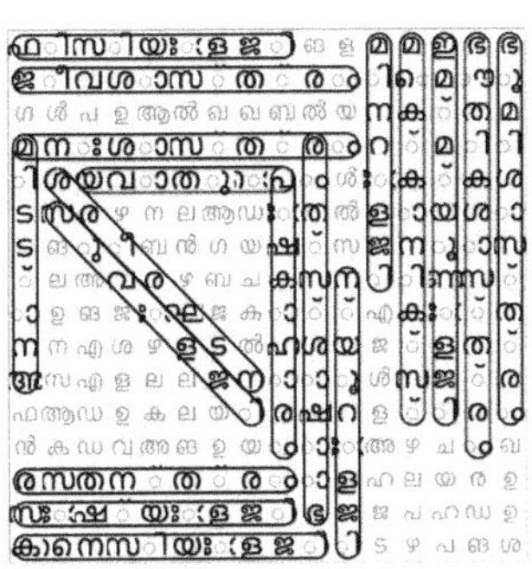

35 - Science

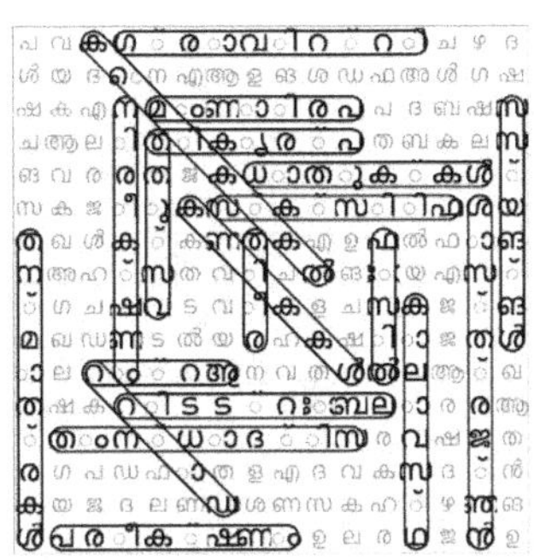

36 - Clothes

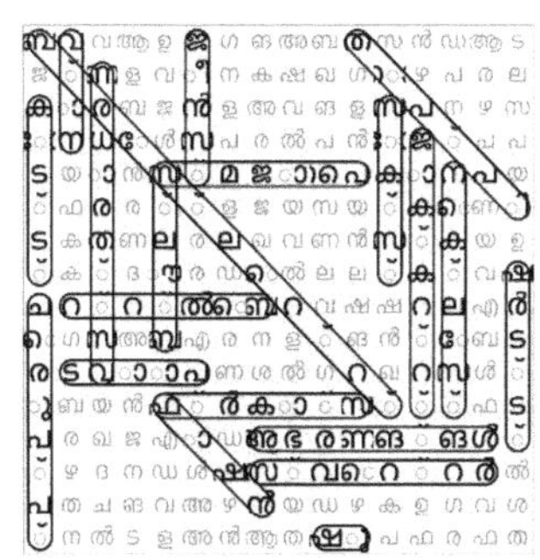

37 - Ethics

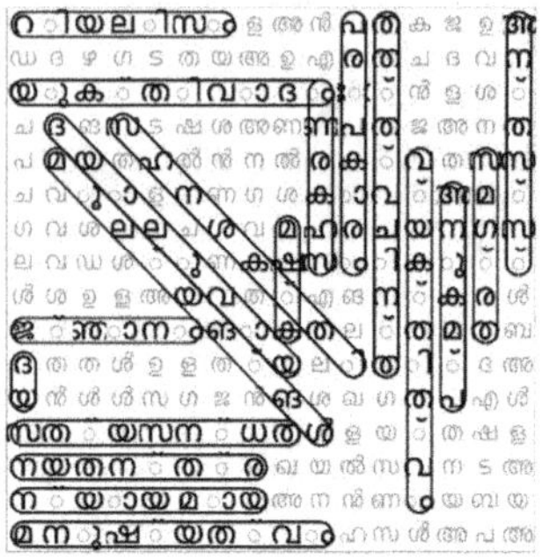

38 - Astronomy

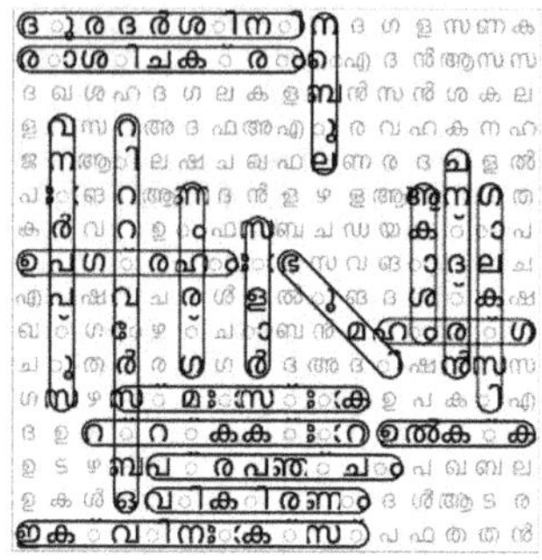

39 - Health and Wellness #2

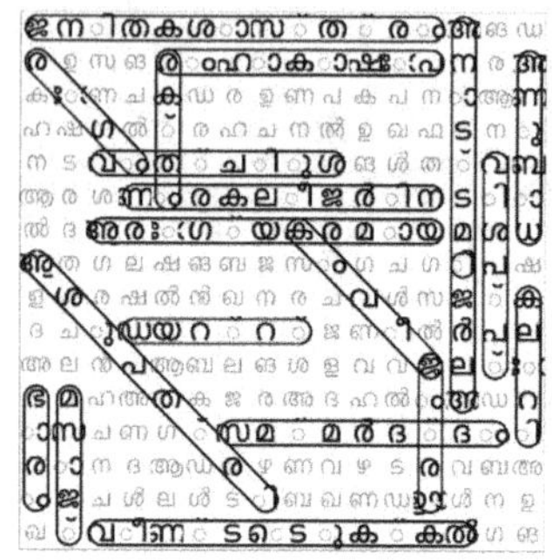

40 - Disease

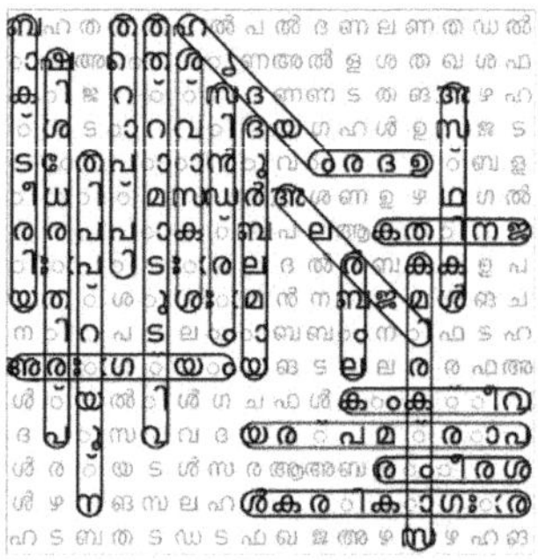

41 - Time

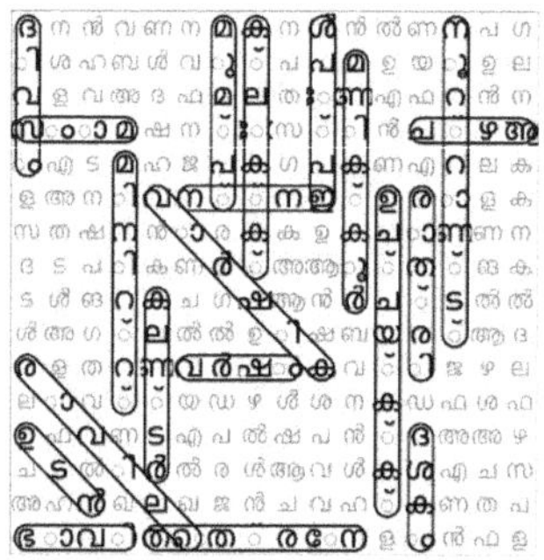

42 - Buildings

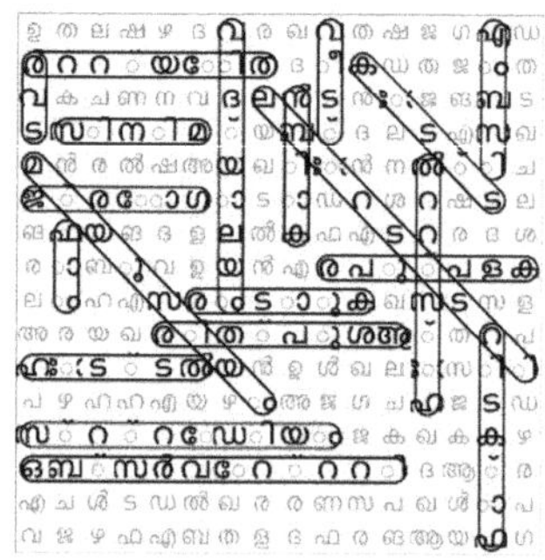

43 - Gardening

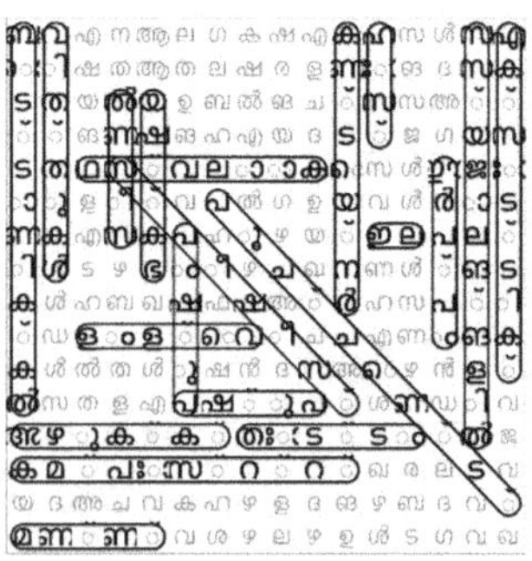

44 - Herbalism

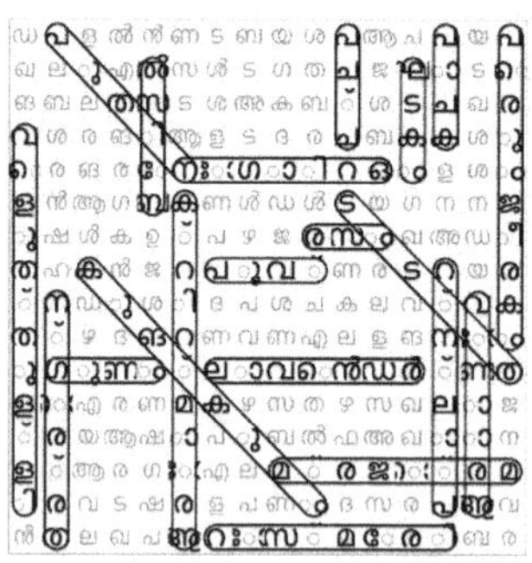

45 - Vehicles

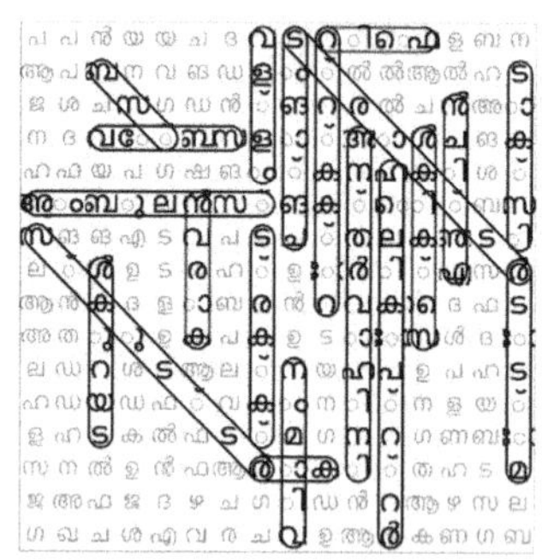

46 - Health and Wellness #1

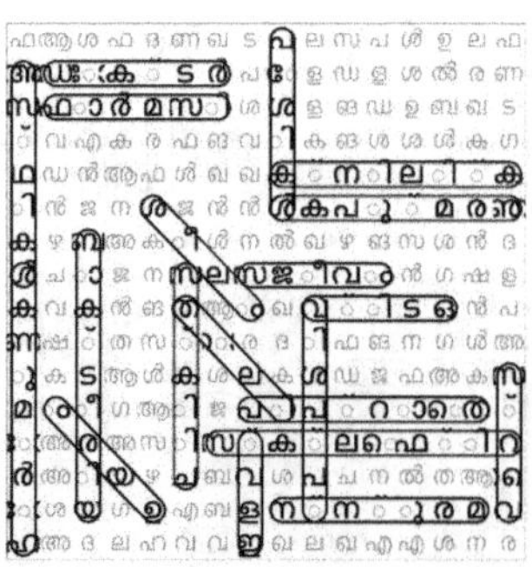

47 - Town

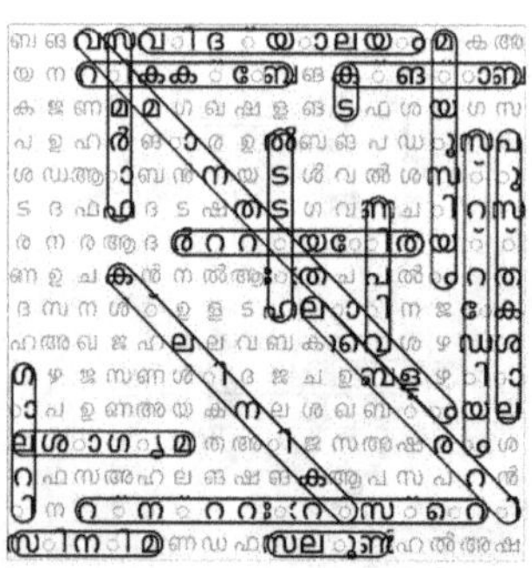

48 - Antarctica

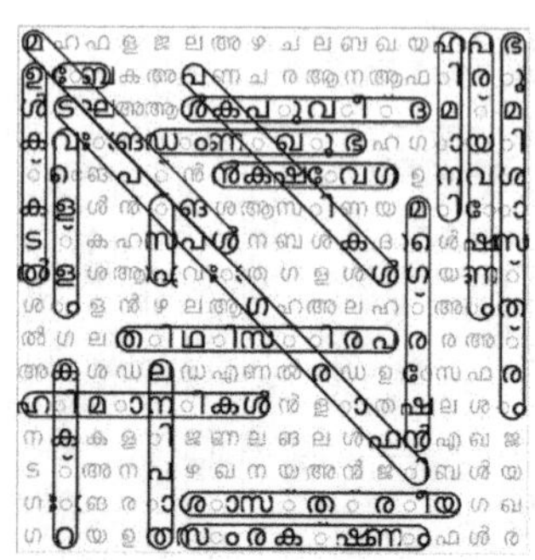

49 - Fashion

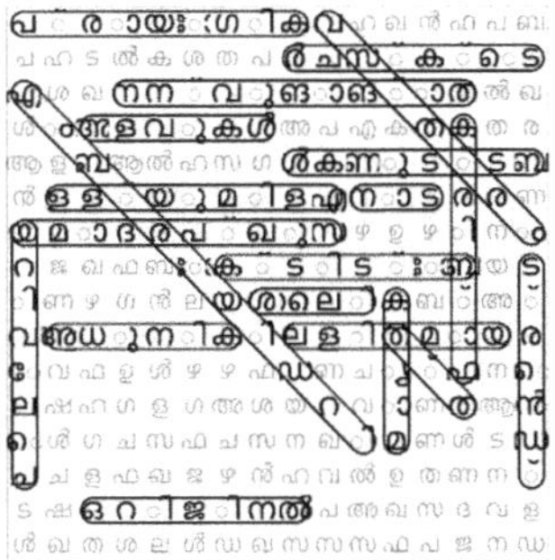

50 - Human Body

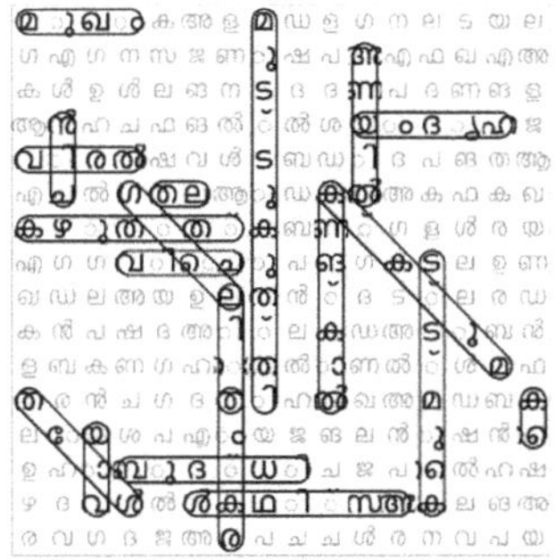

51 - Fruit

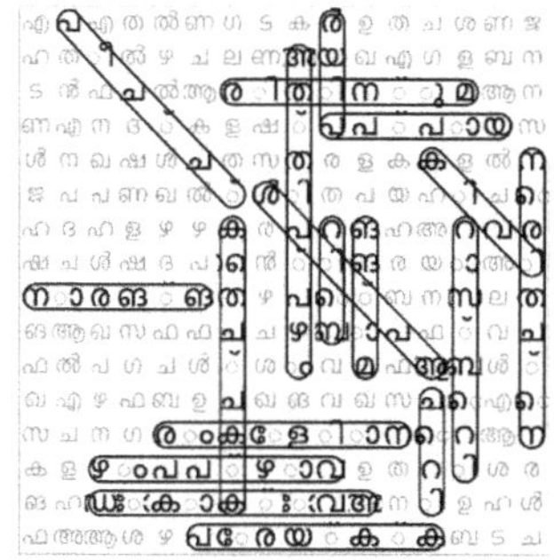

52 - Virtues #1

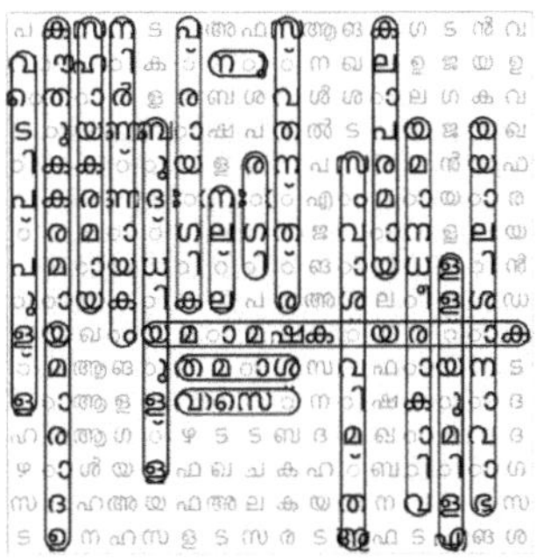

53 - Engineering

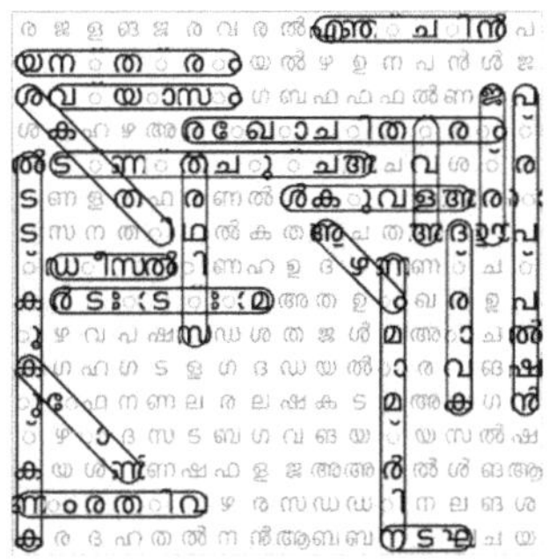

54 - Government

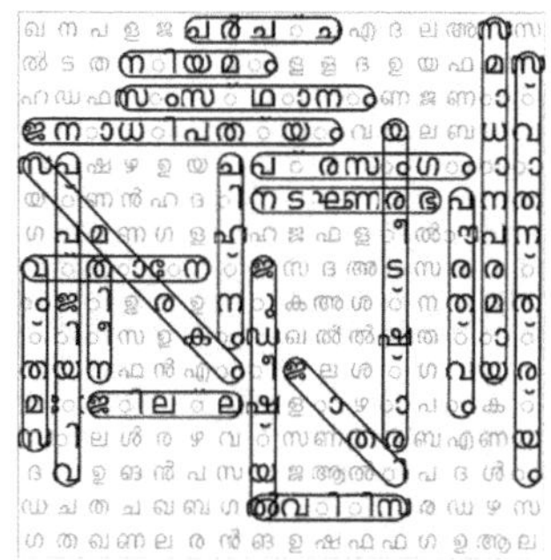

55 - Art Supplies

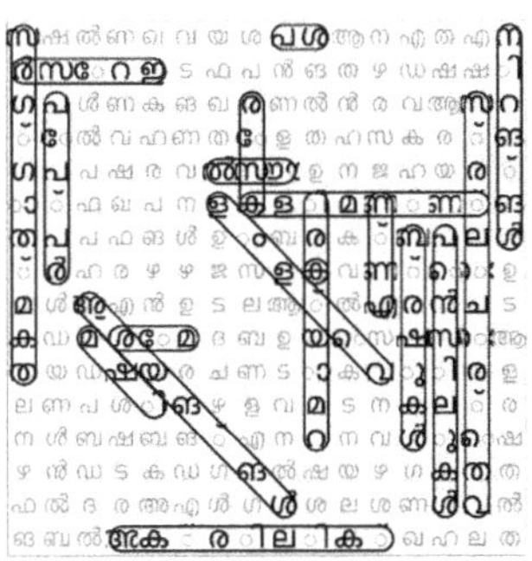

56 - Science Fiction

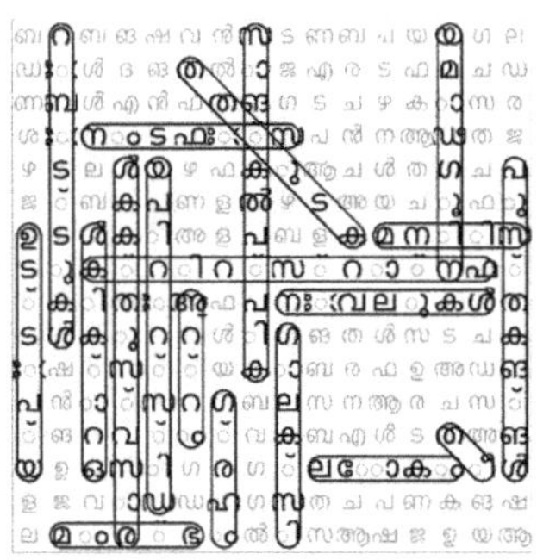

57 - Geometry

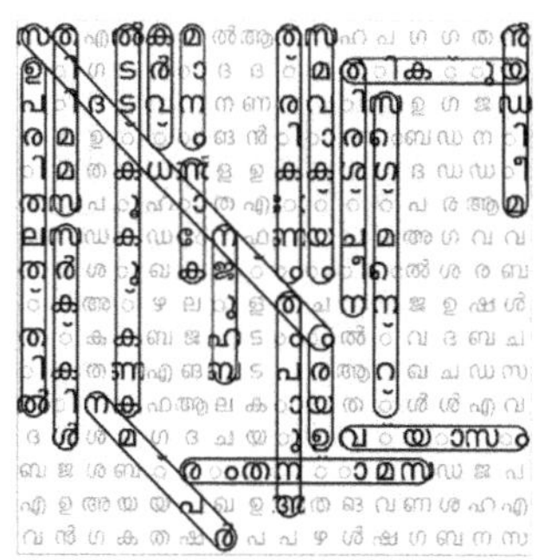

58 - Creativity

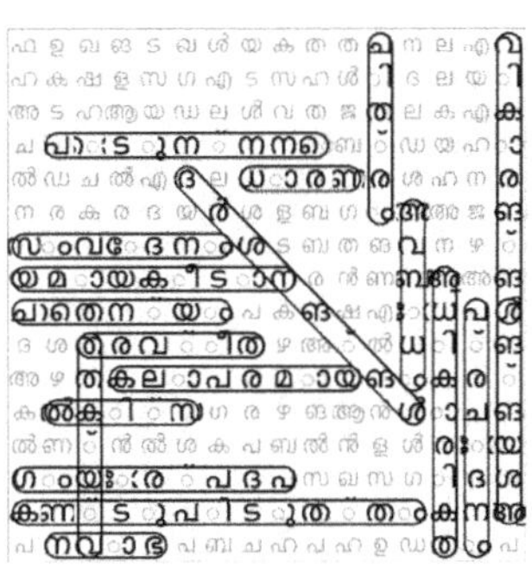

59 - Airplanes

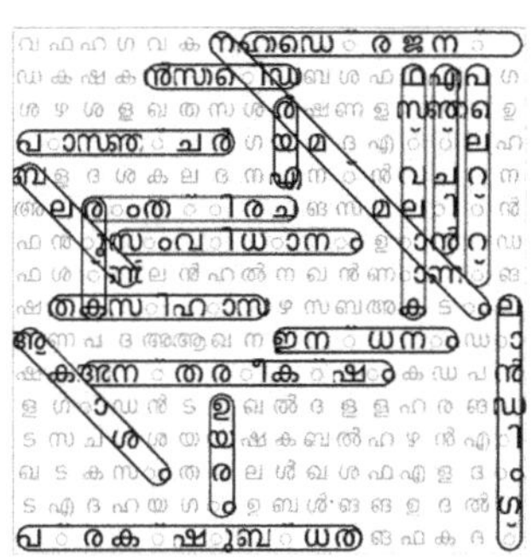

60 - Ocean

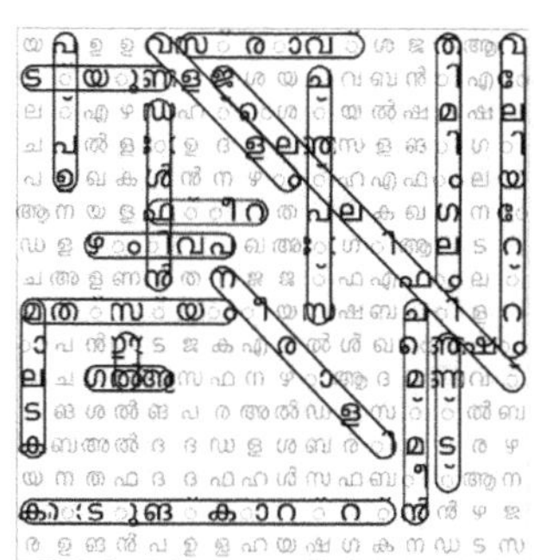

61 - Force and Gravity

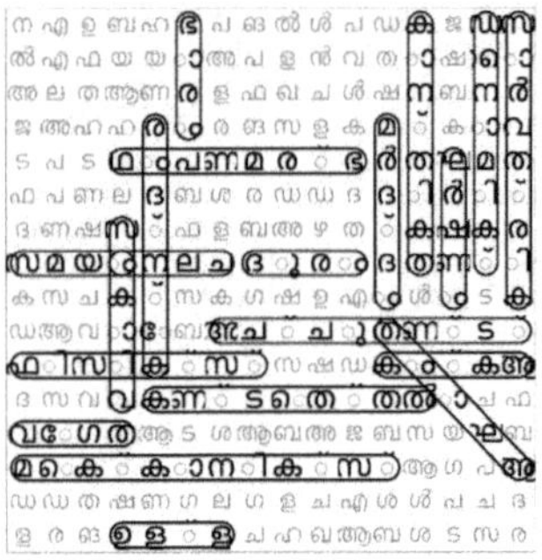

62 - Birds

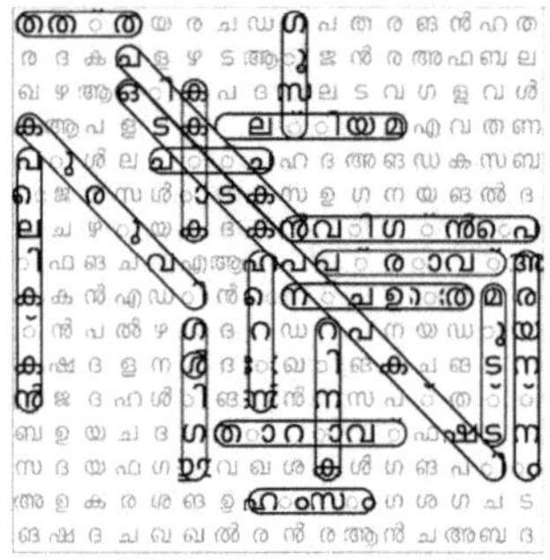

63 - Art

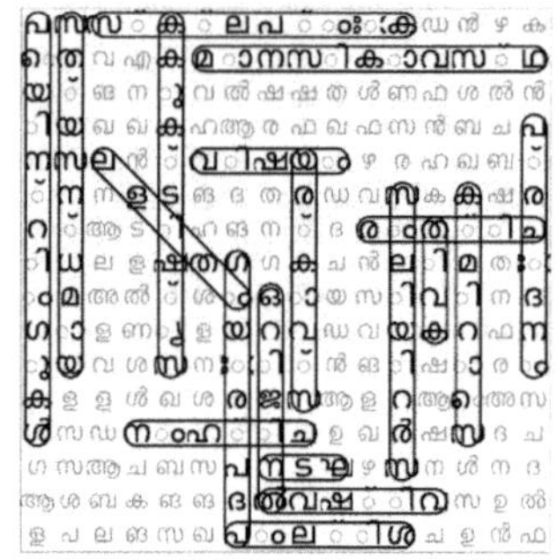

64 - Nutrition

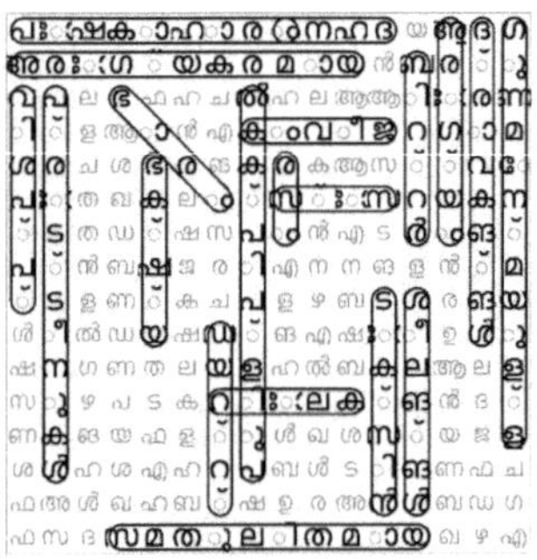

65 - Professions #1

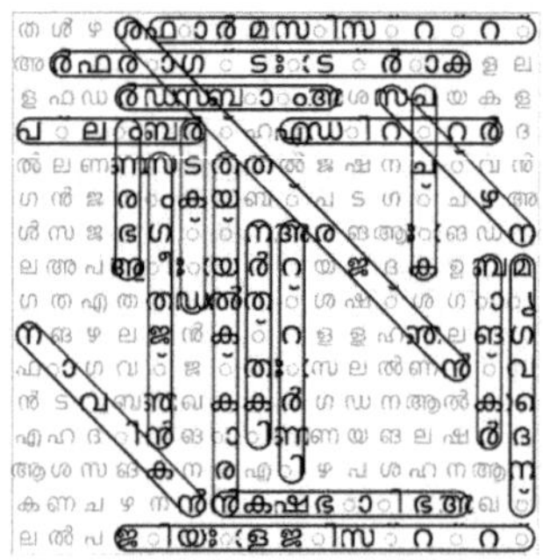

66 - Barbecues

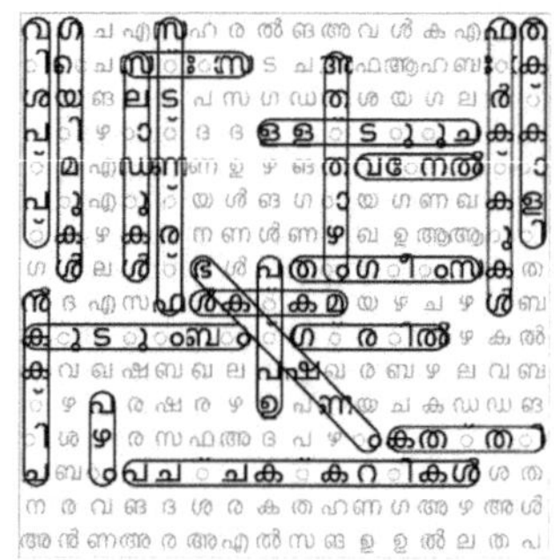

67 - Chocolate

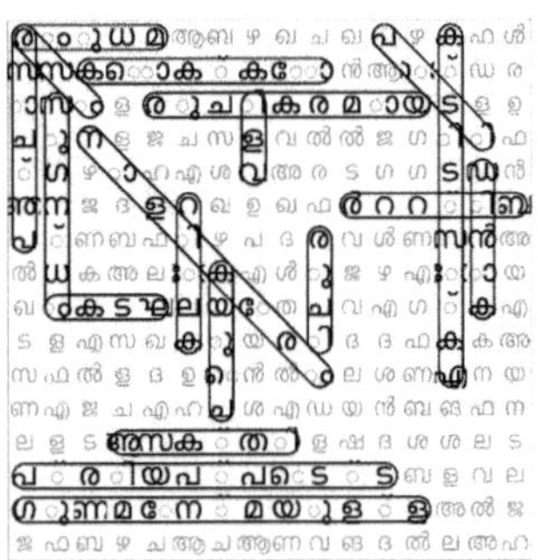

68 - Vegetables

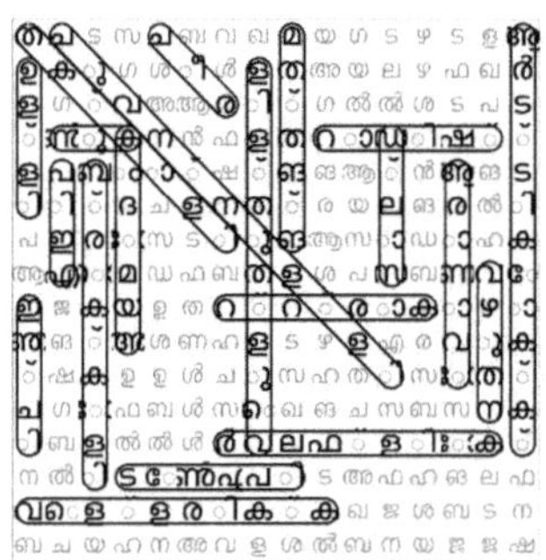

69 - The Media

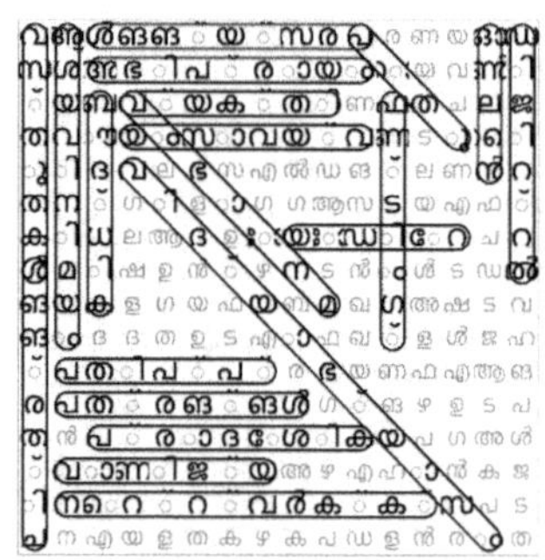

70 - Boats

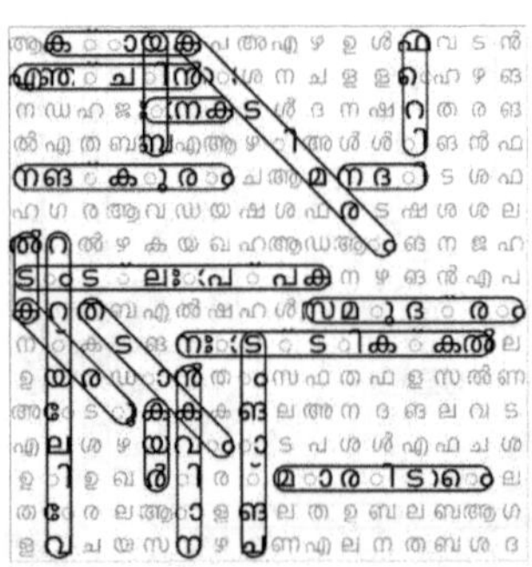

71 - Driving

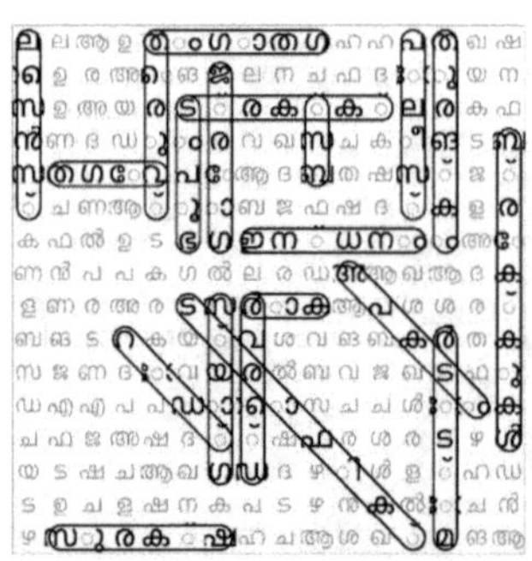

72 - Biology

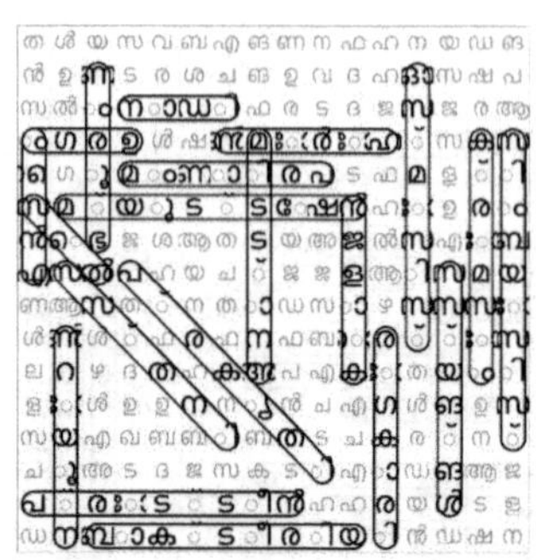

73 - Professions #2

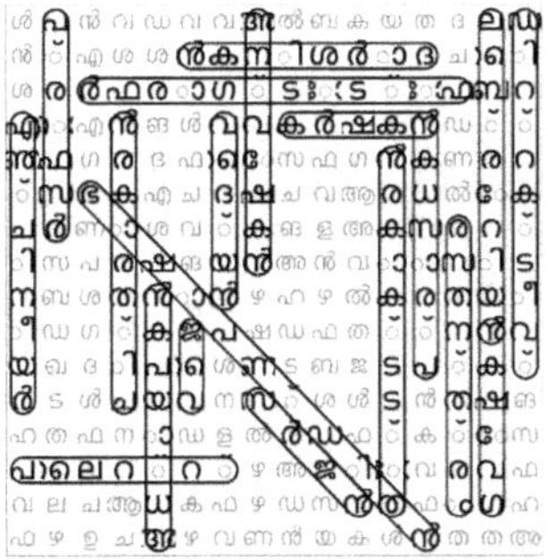

74 - Mythology

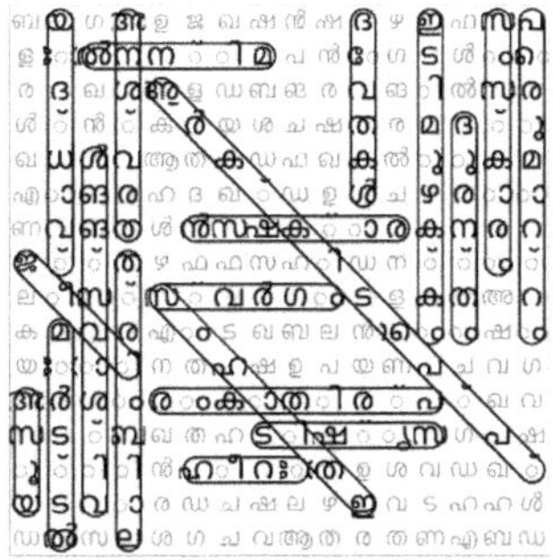

75 - Agronomy

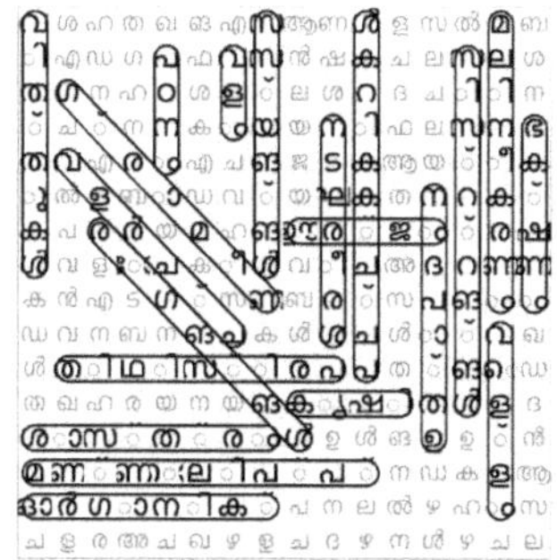

76 - Hair Types

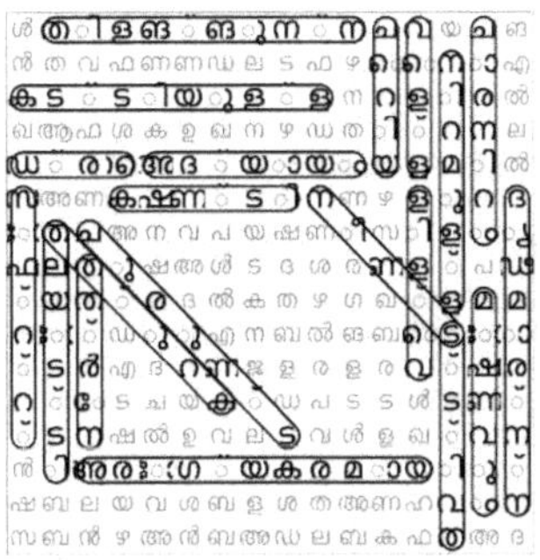

77 - Garden

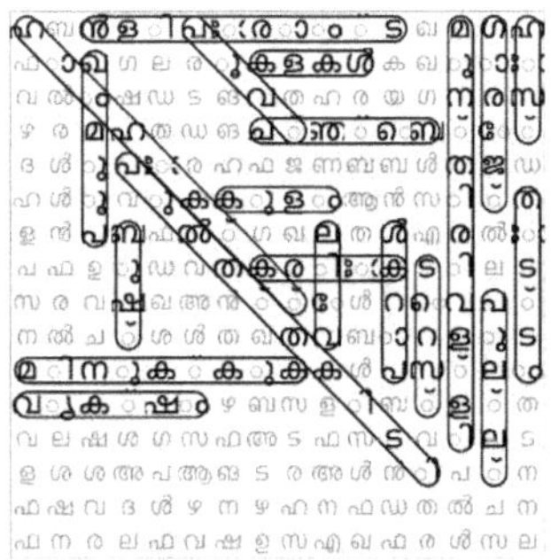

78 - Diplomacy

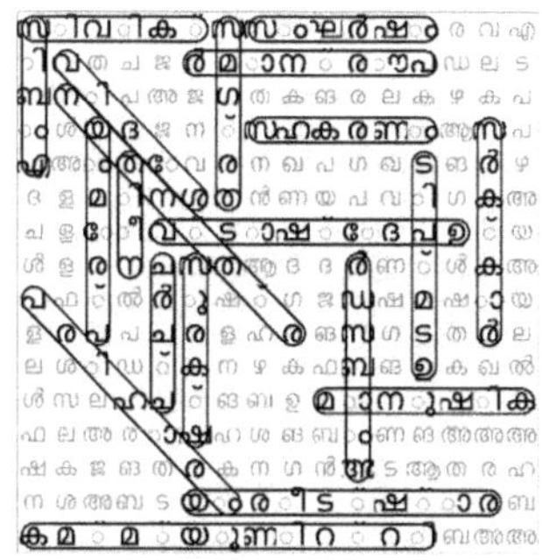

79 - Countries #1

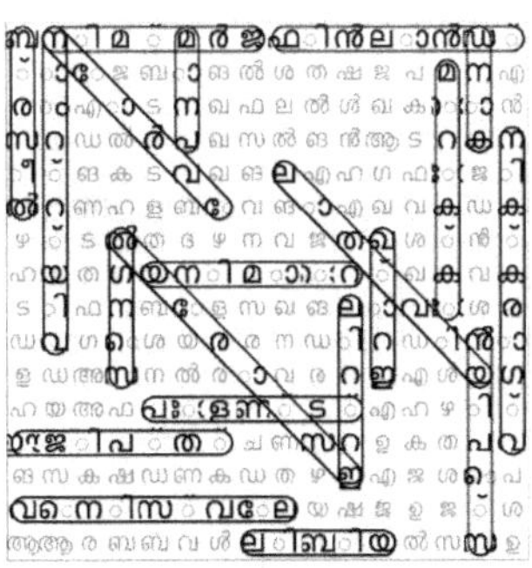

80 - Adjectives #1

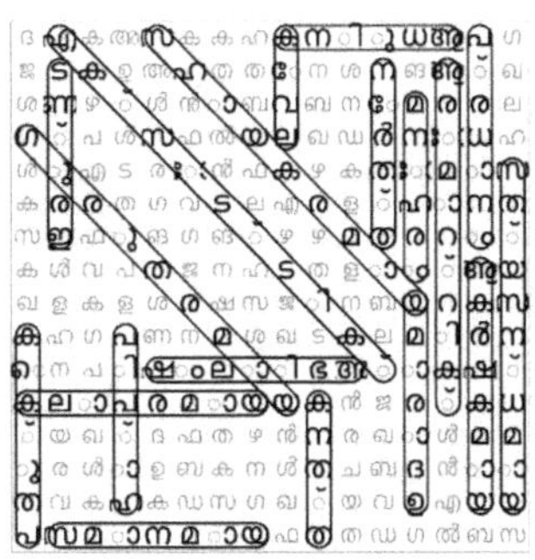

81 - Rainforest

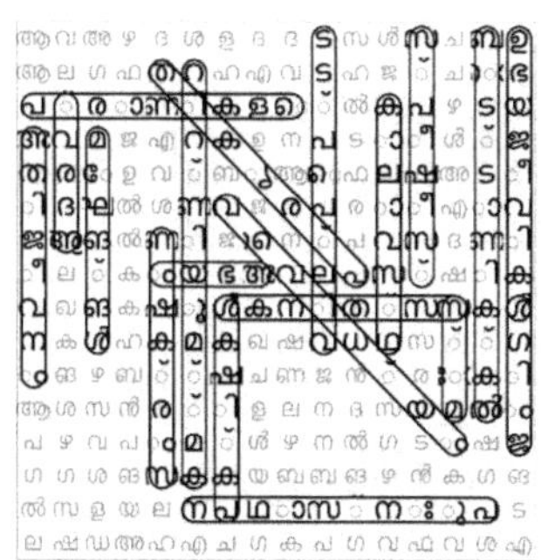

82 - Technology

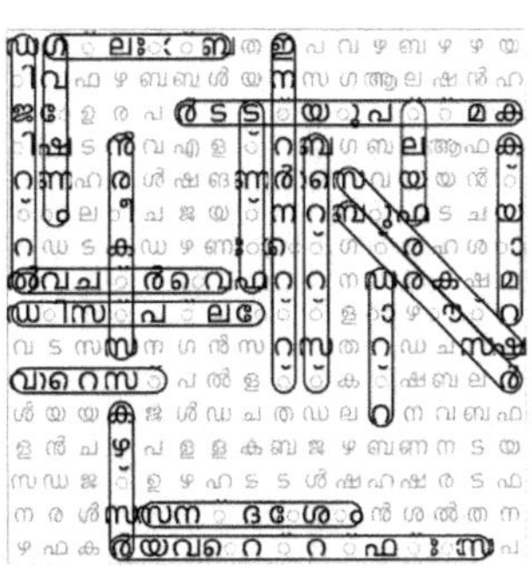

83 - Global Warming

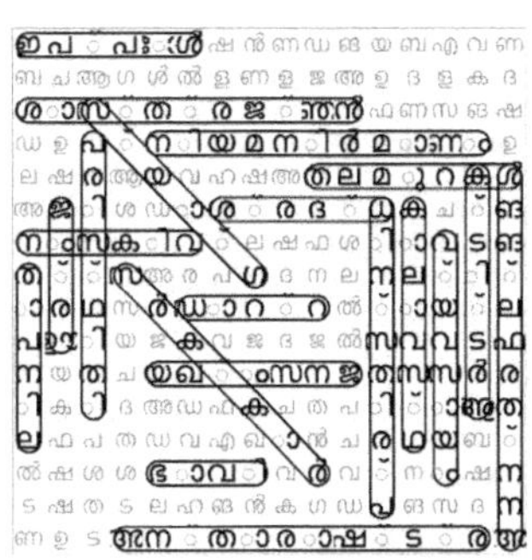

84 - Landscapes

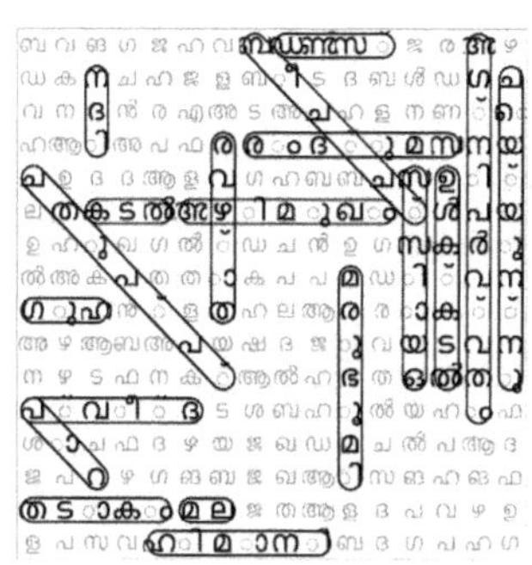

85 - Visual Arts

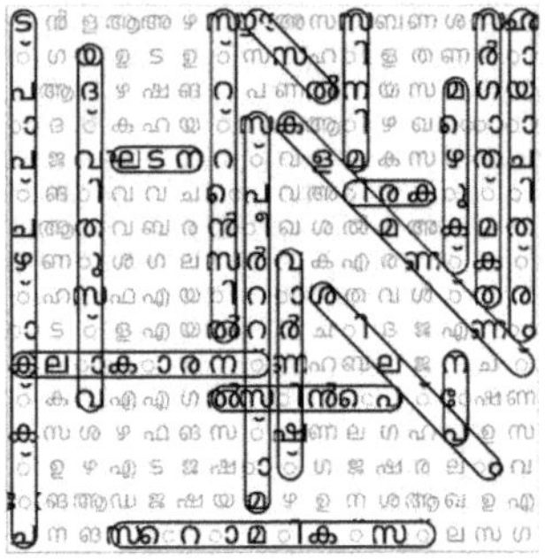

86 - Plants

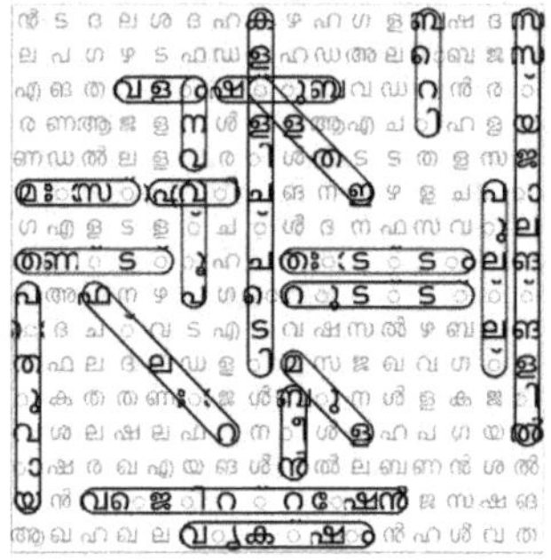

87 - Countries #2

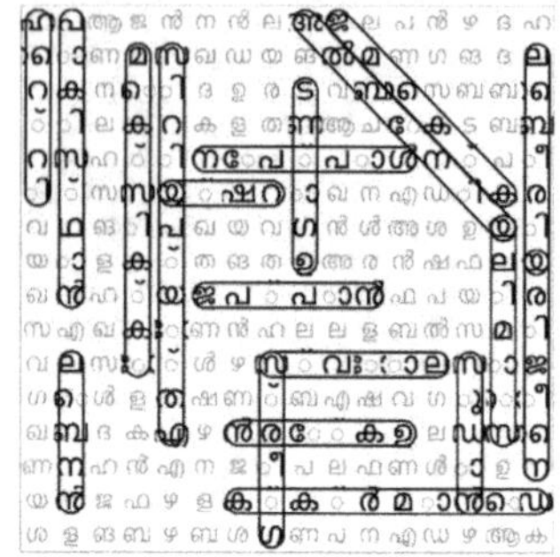

88 - Adjectives #2

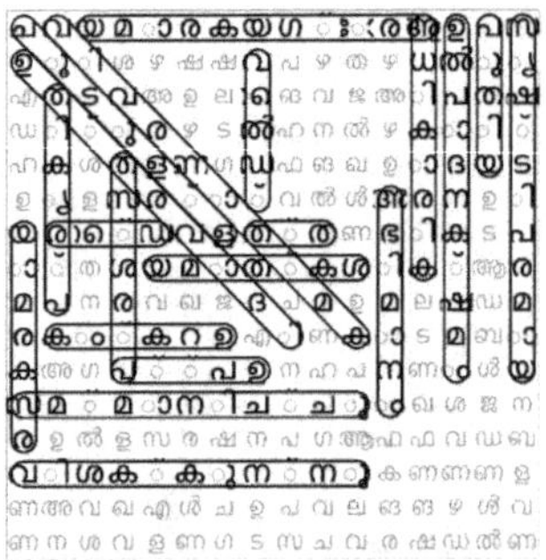

89 - Psychology

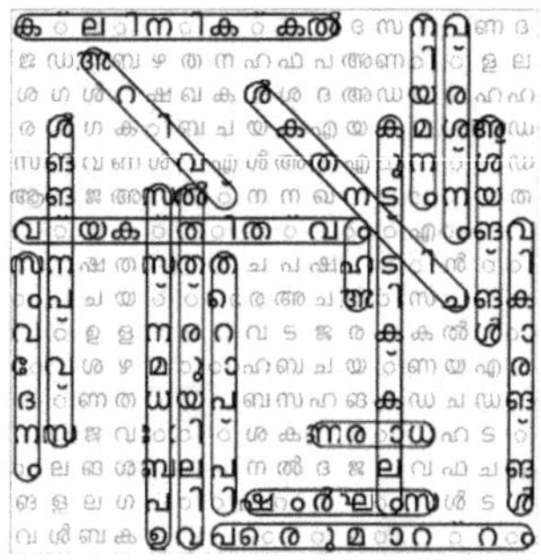

90 - Math

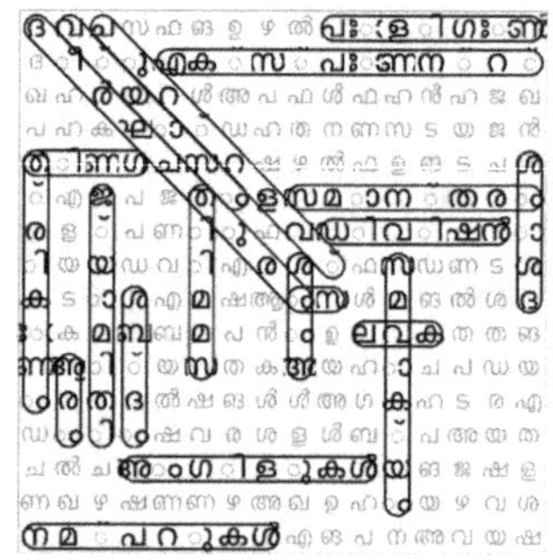

91 - Water

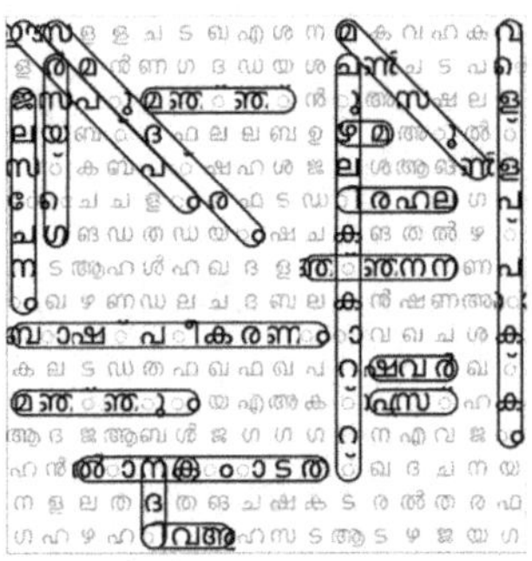

92 - Activities

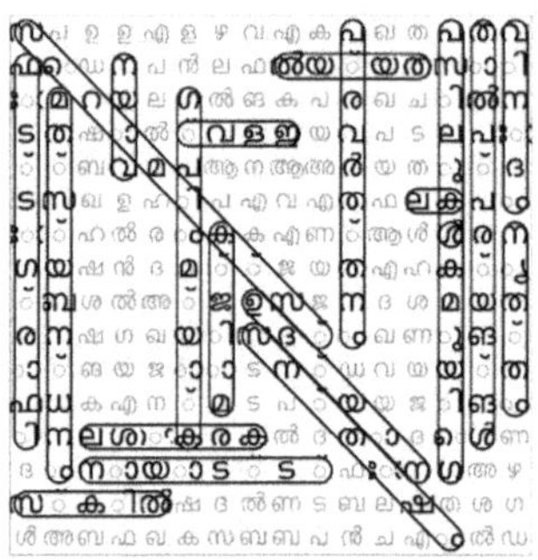

93 - Business

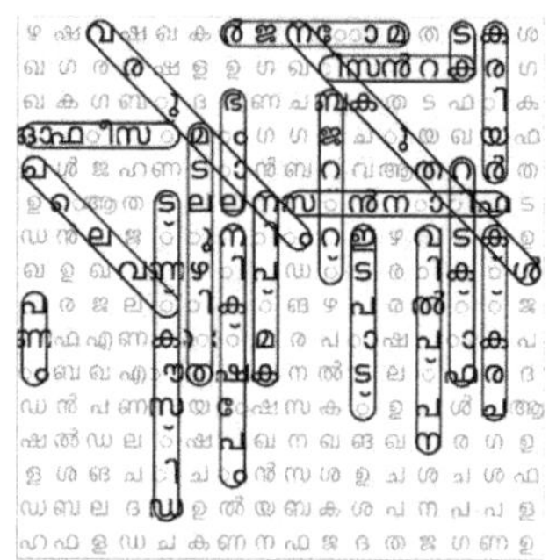

94 - The Company

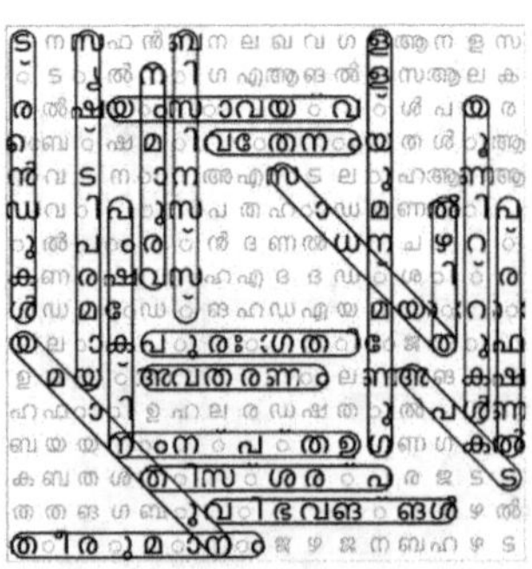

95 - Literature

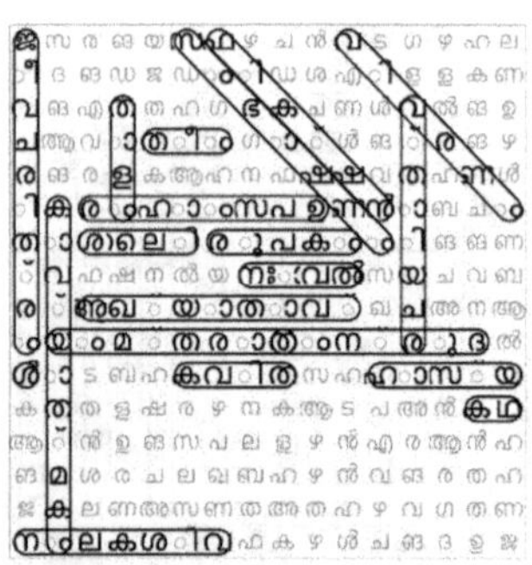

96 - Geography

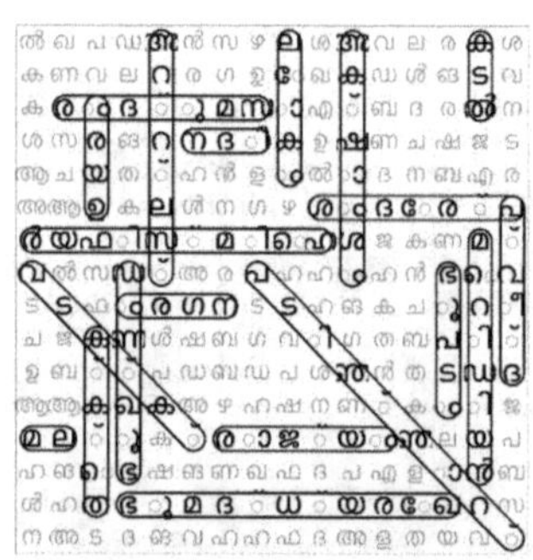

97 - Jazz

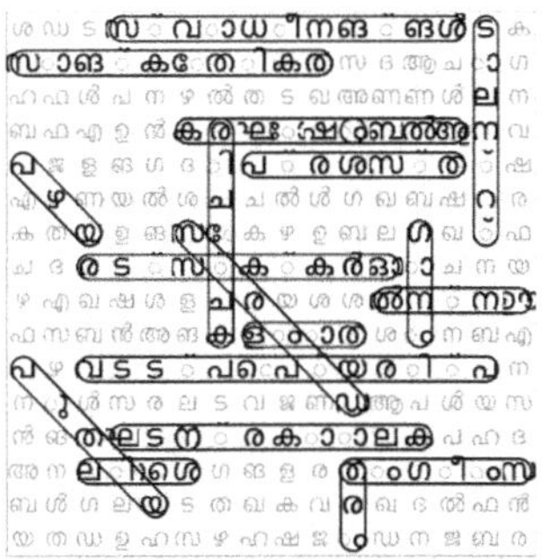

98 - Nature

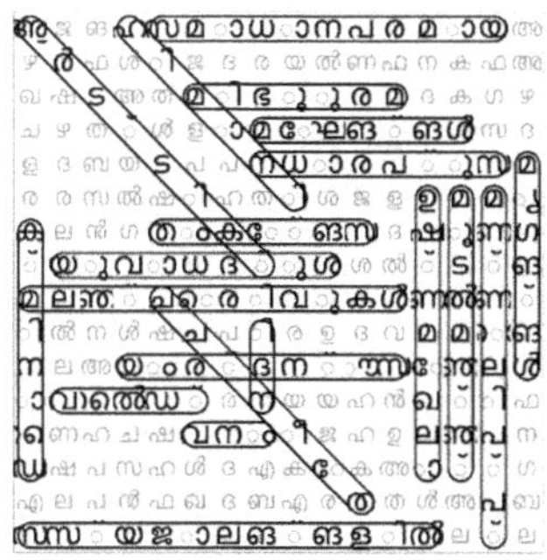

99 - Vacation #2

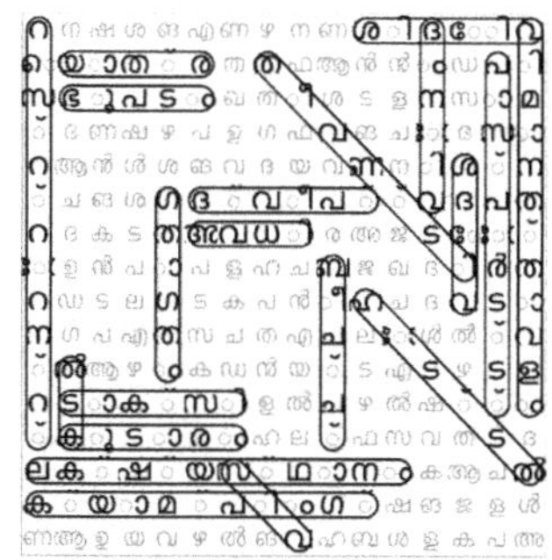

100 - Electricity

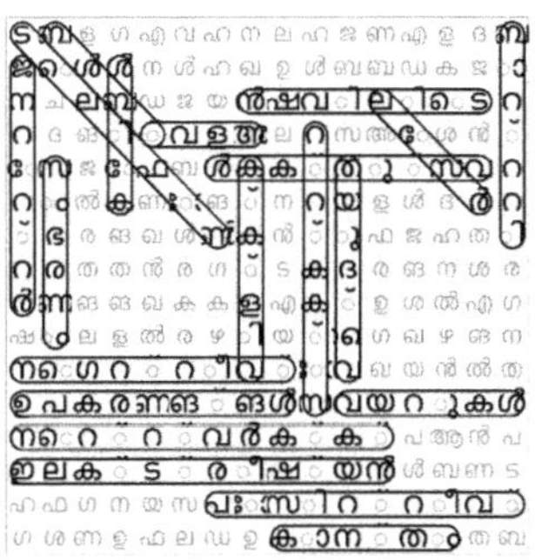

Dictionary

Activities
പ്രവർത്തനങ്ങൾ

Activity	പ്രവർത്തനം
Art	കല
Camping	ക്യാമ്പിംഗ്
Ceramics	സെറാമിക്സ്
Crafts	കരകൗശല
Dancing	നൃത്തം
Fishing	മത്സ്യബന്ധനം
Games	ഗെയിമുകൾ
Gardening	ഉദ്യാന
Hunting	നായാട്ട്
Interests	താൽപ്പര്യങ്ങൾ
Leisure	വിനോദം
Magic	മാജിക്
Photography	ഫോട്ടോഗ്രാഫി
Pleasure	സന്തോഷം
Puzzles	പസിലുകൾ
Reading	വായന
Relaxation	ഇളവ്
Sewing	തയ്യൽ
Skill	സ്കിൽ

Adjectives #1
നാമവിശേഷണങ്ങൾ #1

Absolute	കേവല
Ambitious	അഭിലാഷം
Aromatic	ആരോമാറ്റിക്
Artistic	കലാപരമായ
Attractive	ആകർഷകമായ
Beautiful	മനോഹരം
Dark	ഇരുണ്ട
Exotic	എക്സോട്ടിക്
Generous	ഉദാരമായ
Happy	ഹാപ്പി
Heavy	കനത്ത
Helpful	സഹായകരമായ
Honest	സത്യസന്ധമായ
Identical	സമാനമായ
Important	പ്രധാനം
Modern	ആധുനിക
Serious	ഗുരുതരമായ
Slow	പതുക്കെ
Thin	നേർത്ത
Valuable	വിലപ്പെട്ട

Adjectives #2
നാമവിശേഷണങ്ങൾ #2

Authentic	ആധികാരിക
Creative	സൃഷ്ടിപരമായ
Descriptive	വിവരണാത്മക
Dry	ഡ്രൈ
Elegant	ത്ത
Famous	പ്രശസ്ത
Gifted	സമ്മാനിച്ചു
Healthy	ആരോഗ്യകരമായ
Hot	ചൂടുള്ള
Hungry	വിശക്കുന്നു
Interesting	രസകരമായ
Natural	പ്രകൃതി
New	പുതിയ
Productive	ഉൽപാദനക്ഷമം
Proud	അഭിമാനം
Responsible	ഉത്തരവാദി.
Salty	ഉപ്പ്
Sleepy	ഉറക്കം
Strong	ശക്തമായ
Wild	വൈൽഡ്

Adventure
സാഹസികത

Activity	പ്രവർത്തനം
Beauty	സൗന്ദര്യം
Challenges	വെല്ലുവിളികൾ
Chance	അവസരം
Dangerous	അപകടകരമായ
Destination	ലക്ഷ്യസ്ഥാനം
Difficulty	ബുദ്ധിമുട്ട്
Enthusiasm	ആവേശം
Excursion	ഉല്ലാസയാത്ര
Friends	ഫ്രണ്ട്സ്
Itinerary	യാത്രാവിവരണം
Joy	സന്തോഷം
Nature	പ്രകൃതി
Navigation	നാവിഗേഷൻ
New	പുതിയ
Preparation	ഒരുക്കം
Safety	സുരക്ഷ
Surprising	അത്ഭുതമില്ല
Unusual	അസാധാരണമായ

Agronomy
അഗ്രോണമി

Agriculture	കൃഷി
Diseases	രോഗങ്ങൾ
Ecology	ശരീരഘടന
Energy	ഊർജം
Environment	പരിസ്ഥിതി
Erosion	മണ്ണൊലിപ്പ്
Fertilizer	വളം
Food	ഭക്ഷണം
Growth	വളർച്ച
Organic	ഓർഗാനിക്
Plants	സസ്യങ്ങൾ
Pollution	മലിനീകരണം
Production	ഉത്പാദനം
Rural	ഗ്രാമീണ
Science	ശാസ്ത്രം
Seeds	വിത്തുകൾ
Study	പഠനം
Systems	സിസ്റ്റങ്ങൾ
Vegetables	പച്ചക്കറികൾ
Water	വെള്ളം

Airplanes
വിമാനങ്ങൾ

Adventure	സാഹസികത
Air	എയർ
Atmosphere	അന്തരീക്ഷം
Balloon	ബലൂൺ
Construction	നിർമ്മാണം
Crew	ക്രൂ
Design	ഡിസൈൻ
Direction	സംവിധാനം
Engine	എഞ്ചിൻ
Fuel	ഇന്ധനം
Height	ഉയരം
History	ചരിത്രം
Hydrogen	ഹൈഡ്രജൻ
Landing	ലാൻഡിംഗ്
Passenger	പാസഞ്ചർ
Pilot	പൈലറ്റ്
Sky	ആകാശം
Turbulence	പ്രക്ഷുബ്ധത
Weather	കാലാവസ്ഥ

Algebra
ബീജഗണിതം

Diagram	രേഖാചിത്രം
Division	ഡിവിഷൻ
Equation	സമവാക്യം
Exponent	എക്സ്പോണന്റ്
Factor	ഘടകം
False	തെറ്റായ
Formula	ഫോർമുല
Fraction	അംശം
Graph	ഗ്രാഫ്
Infinite	അനന്തമായ
Linear	രേഖീയ
Matrix	മാട്രിക്സ്
Number	നമ്പർ
Parenthesis	പാരന്റസിസ്
Problem	പ്രശ്നം
Quantity	അളവ്
Solution	പരിഹാരം
Subtraction	കുറയ്ക്കൽ
Variable	വേരിയബിൾ
Zero	പൂജ്യം

Antarctica
അന്റാർട്ടിക്ക

Bay	ബേ
Birds	പക്ഷികൾ
Clouds	മേഘങ്ങൾ
Conservation	സംരക്ഷണം
Continent	ഭൂഖണ്ഡം
Cove	ഉൾക്കടൽ
Environment	പരിസ്ഥിതി
Expedition	പര്യവേഷണം
Geography	ഭൂമിശാസ്ത്രം
Glaciers	ഹിമാനികൾ
Ice	ഐസ്
Islands	ദ്വീപുകൾ
Migration	മൈഗ്രേഷൻ
Peninsula	ഹിമാനി
Researcher	ഗവേഷകൻ
Rocky	റോക്കി
Scientific	ശാസ്ത്രീയ
Temperature	താപനില
Topography	ടോപ്പോഗ്രാഫി
Water	വെള്ളം

Antiques
ആന്റിക്ക്വീസ്

Art	കല
Auction	ലേലം
Authentic	ആധികാരിക
Century	നൂറ്റാണ്ട്
Coins	നാണയങ്ങൾ
Collector	കളക്ടർ
Decorative	അലങ്കാര
Elegant	ത്ത
Furniture	ഫർണിച്ചർ
Gallery	ഗാലറി
Investment	നിക്ഷേപം
Jewelry	ആഭരണങ്ങൾ
Old	പഴയ
Price	വില
Quality	ഗുണമേന്മയുള്ള
Restoration	പുനഃസ്ഥാപന
Sculpture	ശില്പം
Style	ശൈലി
Unusual	അസാധാരണമായ
Value	മൂല്യം

Archeology
പുരാവസ്തു

Analysis വിശകലനം
Ancient പുരാതന
Antiquity പുരാതനകാലം
Bones അസ്ഥികൾ
Civilization നാഗരികത
Descendant പിൻഗാമി
Era ഇ.ആർ.എ.
Evaluation വിലയിരുത്തൽ
Expert വിദഗ്ധ
Findings കണ്ടെത്തലുകൾ
Forgotten മറന്നു
Fossil ഫോസിൽ
Mystery രഹസ്യം
Objects വസ്തുക്കൾ
Relic അവശിഷ്ടം
Researcher ഗവേഷകൻ
Team ടീം
Temple ക്ഷേത്രം
Tomb ശവകുടീരം
Unknown അജ്ഞാത

Art
കല

Ceramic സെറാമിക്
Complex കോംപ്ലക്സ്
Composition ഘടന
Create സൃഷ്ടിക്കുക
Expression പദപ്രയോഗം
Figure ചിത്രം
Honest സത്യസന്ധമായ
Inspired പ്രചോദനം
Mood മാനസികാവസ്ഥ
Original ഒറിജിനൽ
Paintings പെയിന്റിംഗുകൾ
Personal സ്വകാര്യ
Poetry കവിത
Sculpture ശില്പം
Simple ലളിതം
Subject വിഷയം
Surrealism സർറിയലിസം
Symbol ചിഹ്നം
Visual വിഷ്വൽ

Art Supplies
കല സപ്ലൈസ്

Acrylic അക്രിലിക്
Brushes ബ്രഷുകൾ
Camera ക്യാമറ
Chair കസേര
Charcoal കരി
Clay കളിമണ്ണ്
Colors നിറങ്ങൾ
Creativity സർഗ്ഗാത്മകത
Easel ഈസൽ
Eraser ഇറേസർ
Glue പശ
Ideas ആശയങ്ങൾ
Ink മഷി
Oil എണ്ണ
Paper പേപ്പർ
Pencils പെൻസിലുകൾ
Table മേശ
Water വെള്ളം
Watercolors വതരെ്ചൊലൊര്സ്

Astronomy
ജ്യോതിശാസ്ത്രം

Asteroid ഛിന്നഗ്രഹം
Cosmos കോസ്മോസ്
Earth ഭൂമി
Eclipse ഗ്രഹണം
Equinox ഇക്വിനോക്സ്
Galaxy ഗാലക്സി
Meteor ഉൽക്ക
Moon ചന്ദ്രൻ
Nebula നെബുല
Observatory ഒബ്സർവേറ്ററി
Planet ഗ്രഹം
Radiation വികിരണം
Rocket റോക്കറ്റ്
Satellite ഉപഗ്രഹം
Sky ആകാശം
Solar സോളാർ
Supernova സൂപ്പർനോവ
Telescope ദൂരദർശിനി
Universe പ്രപഞ്ചം
Zodiac രാശിചക്രം

Barbecues
ബാർബിക്യൂവോ

Chicken ചിക്കൻ
Children മക്കൾ
Dinner അത്താഴം
Family കുടുംബം
Food ഭക്ഷണം
Forks ഫോർക്കുകൾ
Friends ഫ്രണ്ട്സ്
Fruit പഴം
Games ഗെയിമുകൾ
Grill ഗ്രിൽ
Hot ചൂടുള്ള
Hunger വിശപ്പ്
Knives കത്തി
Music സംഗീതം
Salads സലാഡുകൾ
Salt ഉപ്പ്
Sauce സോസ്
Summer വേനൽ
Tomatoes തക്കാളി
Vegetables പച്ചക്കറികൾ

Bees
തേനീച്ച

Beneficial ഗുണം
Blossom പുഷ്പം
Diversity വൈവിധ്യം
Ecosystem ഇക്കോസിസ്റ്റം
Flowers പൂക്കൾ
Food ഭക്ഷണം
Fruit പഴം
Garden തോട്ടം
Habitat ആവാസവ്യവസ്ഥ
Honey തേൻ
Insect പ്രാണി
Plants സസ്യങ്ങൾ
Pollen കൂമ്പോളയിൽ
Pollinator പോളിനേറ്റർ
Queen രാജ്ഞി
Smoke പുക
Sun സൂര്യൻ
Swarm കൂട്ടം
Wax മെഴുക്
Wings ചിറകു

Biology
ജീവശാസ്ത്രം

Anatomy	അനാട്ടമി
Bacteria	ബാക്ടീരിയ
Cell	സെൽ
Chromosome	ക്രോമസോം
Collagen	കൊളാജൻ
Embryo	ഭ്രൂണം
Enzyme	എൻസൈം
Evolution	പരിണാമം
Hormone	ഹോർമോൺ
Mammal	സസ്തനി
Mutation	മ്യൂട്ടേഷൻ
Natural	പ്രകൃതി
Nerve	നാഡി
Neuron	ന്യൂറോൺ
Osmosis	ഓസ്മോസിസ്
Pathogen	രോഗകാരി
Plants	സസ്യങ്ങൾ
Protein	പ്രോട്ടീൻ
Reptile	ഉരഗം
Symbiosis	സിംബയോസിസ്

Birds
പക്ഷികൾ

Canary	കാനറി
Chicken	ചിക്കൻ
Crow	കാക്ക
Dove	പ്രാവ്
Duck	താറാവ്
Eagle	ഈഗിൾ
Egg	മുട്ട
Flamingo	അരയന്നം
Goose	ഗൂസ്
Gull	ഗൾ
Heron	ഹെറോൺ
Ostrich	ഒട്ടകപ്പക്ഷി
Parrot	തത്ത
Peacock	മയിൽ
Pelican	പെലിക്കൻ
Penguin	പെൻഗ്വിൻ
Sparrow	കുരുവി
Stork	ച്ച്
Swan	ഹംസം
Toucan	തൊഉചന്

Boats
ബോട്ടുകൾ

Anchor	നങ്കൂരം
Buoy	ബോയി
Canoe	കനോ
Crew	ക്രൂ
Engine	എഞ്ചിൻ
Ferry	ഫെറി
Kayak	കയാക്ക്
Lake	തടാകം
Maritime	മാരിടൈം
Mast	കൊടിമരം
Nautical	നോട്ടിക്കൽ
Ocean	സമുദ്രം
Raft	ചങ്ങാടം
River	നദി
Rope	കയർ
Sailboat	കപ്പലോട്ടം
Sailor	നാവികൻ
Sea	കടൽ
Tide	വേലിയേറ്റം
Yacht	ഉല്ലാസവഞ്ചി

Books
പുസ്തകങ്ങള്

Adventure	സാഹസികത
Author	രചയിതാവ്
Character	കഥാപാത്രം
Collection	ശേഖരം
Context	സന്ദർഭ
Epic	ഇതിഹാസം
Historical	ചരിത്രപരം
Humorous	ഫലിതം
Inventive	കണ്ടുപിടുത്തം
Literary	സാഹിത്യ
Narrator	ആഖ്യാതാവ്
Novel	നോവൽ
Page	പേജ്
Poetry	കവിത
Reader	വായനക്കാരൻ
Relevant	പ്രസക്തമായ
Series	സീരീസ്
Story	കഥ
Tragic	ദുരന്തം
Written	എഴുതിയ

Buildings
കെട്ടിടങ്ങൾ

Barn	കളപ്പുര
Cabin	കാബിൻ
Castle	കോട്ട
Cinema	സിനിമ
Embassy	എംബസി
Factory	ഫാക്ടറി
Farm	ഫാം
Garage	ഗാരേജ്
Hospital	ആശുപത്രി
Hostel	ഹോസ്റ്റൽ
Hotel	ഹോട്ടൽ
House	വീട്
Laboratory	ലബോറട്ടറി
Museum	മ്യൂസിയം
Observatory	ഒബ്സർവേറ്ററി
School	വിദ്യാലയം
Stadium	സ്റ്റേഡിയം
Tent	കൂടാരം
Theater	തിയേറ്റർ
Tower	ടവർ

Business
ബിസിനസ്

Budget	ബജറ്റ്
Career	കരിയർ
Company	കമ്പനി
Cost	ചെലവ്
Currency	കറൻസി
Discount	ഡിസ്കൗണ്ട്
Employer	തൊഴിലുടമ
Factory	ഫാക്ടറി
Finance	ഫിനാൻസ്
Income	വരുമാനം
Investment	നിക്ഷേപം
Manager	മാനേജർ
Merchandise	ചരക്ക്
Money	പണം
Office	ഓഫീസ്
Profit	ലാഭം
Sale	വിൽപ്പന
Shop	കട
Taxes	നികുതികൾ
Transaction	ഇടപാട്

Camping
ക്യാമ്പിംഗ്

Adventure	സാഹസികത
Animals	മൃഗങ്ങൾ
Cabin	കാബിൻ
Canoe	കനോ
Equipment	ഉപകരണങ്ങൾ
Fire	തീ
Forest	വനം
Fun	രസകരം
Hammock	ഹാംഹോക്ക്
Hat	തൊപ്പി
Hunting	നായാട്ട്
Insect	പ്രാണി
Lake	തടാകം
Map	ഭൂപടം
Moon	ചന്ദ്രൻ
Mountain	മല
Nature	പ്രകൃതി
Rope	കയർ
Tent	കൂടാരം
Trees	മരങ്ങൾ

Chemistry
കമിസ്ട്രി

Acid	ആസിഡ്
Alkaline	ക്ഷാര
Atomic	ആറ്റം
Carbon	കാർബൺ
Catalyst	കാറ്റലിസ്റ്റ്
Chlorine	ക്ലോറിൻ
Electron	ഇലക്ട്രോൺ
Enzyme	എൻസൈം
Gas	ഗ്യാസ്
Heat	ചൂട്
Hydrogen	ഹൈഡ്രജന്
Ion	അയോൺ
Liquid	ദ്രാവക
Molecule	തന്മാത്ര
Nuclear	ആണവ
Organic	ഓർഗാനിക്
Oxygen	ഓക്സിജൻ
Salt	ഉപ്പ്
Temperature	താപനില
Weight	ഭാരം

Chocolate
ചോക്ലേറ്റ്

Aroma	സുഗന്ധം
Bitter	ബിറ്റർ
Cacao	കൊക്കോ
Calories	കലോറി
Candy	കാൻഡി
Caramel	വളി
Coconut	നാളികേരം
Craving	ആസക്തി
Delicious	രുചികരമായ
Exotic	എക്സോട്ടിക്
Favorite	പ്രിയപ്പെട്ട
Flavor	രസം
Ingredient	ഘടകം
Peanuts	ചയെുക
Powder	പൊടി
Quality	ഗുണമന്േമയുള്ള
Sugar	പഞ്ചസാര
Sweet	മധുരം
Taste	രുചി

Clothes
വസ്ത്രങ്ങൾ

Belt	ബെൽറ്റ്
Blouse	ബ്ലൗസ്
Bracelet	ബ്രേസ്ലറ്റ്
Coat	കോട്ട്
Dress	വസ്ത്രധാരണ
Fashion	ഫാഷൻ
Hat	തൊപ്പി
Jacket	ജാക്കറ്റ്
Jeans	ജീൻസ്
Jewelry	ആഭരണങ്ങൾ
Necklace	നക്ലേസ്
Pajamas	പജൈാമസ്
Pants	നാവ്
Sandals	ചെരുപ്പ്
Scarf	സ്കാർഫ്
Shirt	ഷർട്ട്
Shoe	ഷൂ
Skirt	പാവാട
Socks	സോക്സ്
Sweater	സ്വറെ്റർ

Coffee
കാപ്പി

Aroma	സുഗന്ധം
Beverage	പാനീയം
Bitter	ബിറ്റർ
Black	കറുത്ത
Caffeine	കഫീൻ
Cream	ക്രീം
Cup	കപ്പ്
Filter	ഫിൽട്ടർ
Flavor	രസം
Grind	പൊടിക്കുക
Liquid	ദ്രാവക
Milk	പാൽ
Morning	രാവിലെ
Origin	ഉത്ഭവം
Price	വില
Roasted	വറുത്ത
Sugar	പഞ്ചസാര
Variety	വവൈിധ്യം
Water	വള്ളെം

Countries #1
രാജ്യങ്ങൾ #1

Brazil	ബ്രസീൽ
Canada	കാനഡ
Egypt	ഈജിപ്ത്
Finland	ഫിൻലാൻഡ്
Germany	ജർമ്മനി
Iraq	ഇറാഖ്
Israel	ഇസ്രായേൽ
Italy	ഇറ്റലി
Latvia	ലാത്വിയ
Libya	ലിബിയ
Morocco	മൊറോക്കോ
Nicaragua	നിക്കരാഗ്വ
Norway	നോർവേ
Panama	പനാമ
Poland	പോളണ്ട്
Romania	റൊമാനിയ
Senegal	സനെഗൽ
Spain	സ്പയെിൻ
Venezuela	വനെിസ്വേല
Vietnam	വിയറ്റ്നാം

Countries #2
രാജ്യങ്ങൾ #2

Albania	അൽബനേിയ
Denmark	ഡെൻമാർക്ക്
Ethiopia	എത്യോപ്യ
Greece	ഗ്രീസ്
Haiti	ഹെയ്റ്റി
Jamaica	ജമൈക്ക
Japan	ജപ്പാൻ
Laos	ലാവോസ്
Lebanon	ലെബനൻ
Liberia	ലൈബീരിയ
Mexico	മെക്സിക്കോ
Nepal	നേപ്പാൾ
Nigeria	നൈജീരിയ
Pakistan	പാകിസ്ഥാൻ
Russia	റഷ്യ
Somalia	സൊമാലിയ
Sudan	സുഡാൻ
Syria	സിറിയ
Uganda	ഉഗാണ്ട
Ukraine	ഉക്രൻേ

Creativity
സർഗാത്മകത

Artistic	കലാപരമായ
Authenticity	ആധികാരികത
Clarity	വ്യക്തത
Dramatic	നാടകീയമായ
Emotions	വികാരങ്ങൾ
Expression	പദപ്രയോഗം
Ideas	ആശയങ്ങൾ
Image	ചിത്രം
Imagination	ഭാവന
Impression	ധാരണ
Inspiration	പ്രചോദനം
Intensity	തീവ്രത
Intuition	അവബോധം
Inventive	കണ്ടുപിടുത്തം
Sensation	സംവേദനം
Skill	സ്കിൽ
Spontaneous	പൊടുന്നനെ
Visions	ദർശനങ്ങൾ
Vitality	ചൈതന്യം

Dance
നൃത്തം

Academy	അക്കാദമി
Art	കല
Body	ശരീരം
Choreography	നൃത്ത
Classical	ക്ലാസിക്കൽ
Cultural	സാംസ്കാരിക
Culture	സംസ്കാരം
Emotion	വികാരം
Expressive	വികാരാധീനനും
Grace	കൃപ
Joyful	സന്തോഷം
Jump	ചാടുക
Movement	പ്രസ്ഥാനം
Music	സംഗീതം
Partner	പങ്കാളി
Rhythm	താളം
Traditional	പരമ്പരാഗത
Visual	വിഷ്വൽ

Days and Months
ദിവസങ്ങളും മാസങ്ങളും

April	ഏപ്രിൽ
August	ഓഗസ്റ്റ്
Calendar	കലണ്ടർ
February	ഫെബ്രുവരി
Friday	വെള്ളിയാഴ്ച
January	ജനുവരി
July	ജൂലൈ
March	മാർച്ച്
Monday	തിങ്കളാഴ്ച
Month	മാസം
November	നവംബർ
October	ഒക്ടോബർ
Saturday	ശനിയാഴ്ച
September	സെപ്തംബര്
Sunday	ഞായറാഴ്ച
Thursday	വ്യാഴാഴ്ച
Tuesday	ചൊവ്വാഴ്ച
Wednesday	ബുധനാഴ്ച
Week	ആഴ്ച
Year	വർഷം

Diplomacy
നയതന്ത്രം

Adviser	ഉപദേഷ്ടാവ്
Ambassador	അംബാസഡർ
Citizens	പൗരന്മാർ
Civic	സിവിക്
Community	കമ്മ്യൂണിറ്റി
Conflict	സംഘർഷം
Cooperation	സഹകരണം
Diplomatic	നയതന്ത്ര
Discussion	ചർച്ച
Embassy	എംബസി
Foreign	വിദേശ
Government	സർക്കാർ
Humanitarian	മാനുഷിക
Integrity	സമഗ്രത
Justice	നീതി
Politics	രാഷ്ട്രീയം
Resolution	പ്രമേയം
Security	സുരക്ഷ
Solution	പരിഹാരം
Treaty	ഉടമ്പടി

Disease
രോഗം

Abdominal	ഉദരം
Allergies	അലർജി
Bacterial	ബാക്ടീരിയ
Body	ശരീരം
Bones	അസ്ഥികൾ
Chronic	വിട്ടുമാറാത്ത
Contagious	സാംക്രമിക
Genetic	ജനിതക
Health	ആരോഗ്യം
Heart	ഹൃദയം
Hereditary	പാരമ്പര്യ
Immunity	പ്രതിരോധശേഷി
Inflammation	വീക്കം
Lumbar	ലംബർ
Neuropathy	ന്യൂറോപ്പതി
Pathogens	രോഗകാരികൾ
Respiratory	ശ്വാസകോശ
Syndrome	സിൻഡ്രോം
Therapy	തെറാപ്പി
Weak	ദുർബലമായ

Driving
ഡ്രൈവിംഗ്

Accident	അപകടം
Brakes	ബ്രേക്കുകൾ
Bus	ബസ്
Car	കാർ
Driver	ഡ്രൈവർ
Fuel	ഇന്ധനം
Garage	ഗാരേജ്
Gas	ഗ്യാസ്
License	ലൈസൻസ്
Map	ഭൂപടം
Motor	മോട്ടോർ
Police	പോലീസ്
Road	റോഡ്
Safety	സുരക്ഷ
Speed	വേഗത
Street	തെരുവ്
Traffic	ട്രാഫിക്
Transportation	ഗതാഗതം
Truck	ട്രക്ക്
Tunnel	തുരങ്കം

Electricity
വൈദ്യുതി

Battery	ബാറ്ററി
Bulb	ബൾബ്
Cable	കേബിൾ
Electric	വൈദ്യുത
Electrician	ഇലക്ട്രീഷ്യൻ
Equipment	ഉപകരണങ്ങൾ
Generator	ജനറേറ്റർ
Lamp	വിളക്ക്
Laser	ലേസർ
Magnet	കാന്തം
Negative	നെഗറ്റീവ്
Network	നെറ്റ് വർക്ക്
Objects	വസ്തുക്കൾ
Positive	പോസിറ്റീവ്
Quantity	അളവ്
Socket	സോക്കറ്റ്
Storage	സംഭരണം
Telephone	ടെലിഫോൺ
Television	ടെലിവിഷൻ
Wires	വയറുകൾ

Energy
ഊർജ്ജം

Battery	ബാറ്ററി
Carbon	കാർബൺ
Diesel	ഡീസൽ
Electric	വൈദ്യുത
Electron	ഇലക്ട്രോൺ
Engine	എഞ്ചിൻ
Entropy	എൻട്രോപ്പി
Environment	പരിസ്ഥിതി
Fuel	ഇന്ധനം
Gasoline	ഗ്യാസോലിൻ
Heat	ചൂട്
Hydrogen	ഹൈഡ്രജൻ
Industry	വ്യവസായം
Motor	മോട്ടോർ
Nuclear	ആണവ
Photon	ഫോട്ടോൺ
Pollution	മലിനീകരണം
Renewable	പുനരുപയോഗ
Turbine	ടർബൈൻ
Wind	കാറ്റ്

Engineering
എഞ്ചിനീയറിംഗ്

Angle	കോൺ
Axis	അച്ചുതണ്ട്
Calculation	കണക്കുകൂട്ടൽ
Construction	നിർമ്മാണം
Depth	ആഴം
Diagram	രേഖാചിത്രം
Diameter	വ്യാസം
Diesel	ഡീസൽ
Dimensions	അളവുകൾ
Distribution	വിതരണം
Energy	ഊർജം
Engine	എഞ്ചിൻ
Liquid	ദ്രാവക
Machine	യന്ത്രം
Measurement	അളവ്
Motor	മോട്ടോർ
Propulsion	പ്രൊപ്പൽഷൻ
Stability	സ്ഥിരത
Strength	ശക്തി
Structure	ഘടന

Ethics
എത്തിക്സ്

Altruism	പരോപകാരം
Benevolent	ദയാലുവായ
Compassion	അനുകമ്പ
Cooperation	സഹകരണം
Dignity	അന്തസ്സ്
Diplomatic	നയതന്ത്ര
Honesty	സത്യസന്ധത
Humanity	മനുഷ്യത്വം
Individualism	വ്യക്തിത്വം
Integrity	സമഗ്രത
Kindness	ദയ
Patience	ക്ഷമ
Philosophy	തത്ത്വചിന്ത
Rationality	യുക്തിവാദം
Realism	റിയലിസം
Reasonable	ന്യായമായ
Tolerance	സഹനശക്തി
Values	മൂല്യങ്ങൾ
Wisdom	ജ്ഞാനം

Family
കുടുംബം

Ancestor	പിതാമഹൻ
Aunt	അമ്മായി
Brother	സഹോദരൻ
Child	കുട്ടി
Childhood	കുട്ടിക്കാലം
Children	മക്കൾ
Cousin	കസിൻ
Daughter	മകൾ
Grandchild	പേരക്കുട്ടി
Grandfather	മുത്തച്ഛൻ
Grandson	കൊച്ചുമകൻ
Husband	ഭർത്താവ്
Maternal	മാതൃ
Mother	അമ്മ
Nephew	മരുമകൻ
Niece	മരുമകൾ
Paternal	പിതാവ്
Sister	സഹോദരി
Uncle	അമ്മാവൻ
Wife	ഭാര്യ

Farm #1
ഫാം #1

Agriculture	കൃഷി
Bee	ബീ
Bison	കാട്ടുപോത്ത്
Calf	കാളക്കുട്ടി
Cat	പൂച്ച
Chicken	ചിക്കൻ
Cow	പശു
Crow	കാക്ക
Dog	നായ
Donkey	കഴുത
Fence	വേലി
Fertilizer	വളം
Field	ഫീൽഡ്
Goat	ആട്
Hay	ഹേ
Honey	തേൻ
Horse	കുതിര
Rice	അരി
Seeds	വിത്തുകൾ
Water	വെള്ളം

Farm #2
ഫാം #2

Animals	മൃഗങ്ങൾ
Barley	യവം
Barn	കളപ്പുര
Beehive	തേനീച്ചക്കൂട്
Corn	ധാന്യം
Duck	താറാവ്
Farmer	കർഷകൻ
Food	ഭക്ഷണം
Fruit	പഴം
Irrigation	ജലസേചനം
Lamb	ആട്ടിൻകുട്ടി
Llama	ലാമ
Meadow	പുല്ത്തകിടി
Milk	പാൽ
Orchard	തോട്ടം
Ripe	പഴുത്ത
Sheep	ചെമ്മരിയാട്
Tractor	ട്രാക്ടർ
Vegetable	പച്ചക്കറി
Wheat	ഗോതമ്പ്

Fashion
ഫാഷൻ

Affordable	താങ്ങാവുന്ന
Boutique	ബോട്ടിക്
Buttons	ബട്ടണുകൾ
Clothing	വസ്ത്രം
Comfortable	സുഖപ്രദമായ
Elegant	ത്ത
Embroidery	എംബ്രോയിഡറി
Expensive	ചെലവേറിയ
Fabric	ഫാബ്രിക്
Lace	നാട
Measurements	അളവുകൾ
Minimalist	ലളിതമായ
Modern	ആധുനിക
Modest	എളിമയുള്ള
Original	ഒറിജിനൽ
Pattern	മാതൃക
Practical	പ്രായോഗിക
Style	ശൈലി
Texture	ടെക്സ്ചർ
Trend	ട്രെൻഡ്

Fishing
ഫിഷിംഗ്

Bait	കണി
Basket	കൊട്ട
Beach	ബീച്ച്
Boat	വള്ളം
Cook	പാചകം
Equipment	ഉപകരണങ്ങൾ
Exaggeration	അതിശയോക്തി
Fins	ഫിൻസ്
Hook	ഹുക്ക്
Jaw	അണയിൽ
Lake	തടാകം
Ocean	സമുദ്രം
Patience	ക്ഷമ
River	നദി
Season	സീസൺ
Water	വെള്ളം
Weight	ഭാരം
Wire	വയർ

Food #1
ഭക്ഷണം #1

Apricot	ആപ്രിക്കോട്ട്
Barley	യവം
Basil	ബേസിൽ
Carrot	കാരറ്റ്
Cinnamon	കറുവാപ്പട്ട
Garlic	വെളുത്തുള്ളി
Juice	ജ്യൂസ്
Lemon	നാരങ്ങ
Milk	പാൽ
Onion	ഉള്ളി
Peanut	നിലക്കടല
Pear	പിയർ
Salad	സാലഡ്
Salt	ഉപ്പ്
Soup	സൂപ്പ്
Spinach	ചീര
Strawberry	സ്ട്രോബെറി
Sugar	പഞ്ചസാര
Tuna	ട്യൂണ
Turnip	ടേൺഐപി

Food #2
ഭക്ഷണം #2

Apple	ആപ്പിൾ
Artichoke	ആർട്ടികോക്ക്
Banana	വാഴപ്പഴം
Broccoli	ബ്രൊക്കോളി
Celery	അയമോദകം
Cheese	ചീസ്
Cherry	ചെറി
Chicken	ചിക്കൻ
Chocolate	ചോക്ലേറ്റ്
Egg	മുട്ട
Eggplant	വഴുതന
Fish	മത്സ്യം
Grape	മുന്തിരി
Ham	ഹാം
Kiwi	കിവി
Mushroom	കൂൺ
Rice	അരി
Tomato	തക്കാളി
Wheat	ഗോതമ്പ്
Yogurt	തൈര്

Force and Gravity
ശക്തിയും ഗുരുത്വാകർഷണം

Axis	അച്ചുതണ്ട്
Center	കന്ദ്രേം
Discovery	കണ്ടത്തെൽ
Distance	ദൂരം
Dynamic	ഡനൈാമിക്
Expansion	വികാസം
Friction	ഘർഷണം
Impact	ആഘാതം
Magnetism	കാന്തികത
Mechanics	മകെക്കാനിക്സ്
Momentum	ആക്കം
Motion	ചലനം
Orbit	ഭ്രമണപഥം
Physics	ഫിസിക്സ്
Pressure	മർദ്ദം
Properties	ഉള്ള
Speed	വഗേത
Time	സമയം
Universal	സാർവത്രിക
Weight	ഭാരം

Fruit
പഴം

Apple	ആപ്പിൾ
Apricot	ആപ്രിക്കോട്ട്
Avocado	അവോക്കാഡോ
Banana	വാഴപ്പഴം
Berry	ബറെി
Cherry	ചറെി
Coconut	നാളികരേം
Fig	അത്തിപ്പഴം
Grape	മുന്തിരി
Guava	പരേയ്ക്ക
Kiwi	കിവി
Lemon	നാരങ്ങ
Mango	മാങ്ങ
Melon	തണ്ണിമത്തന്
Nectarine	നചെ്തരിനെ
Papaya	പപ്പായ
Peach	പീച്ച്
Pear	പിയർ
Pineapple	കതൈച്ചക്ക
Raspberry	റാസ്ബറെി

Garden
പൂന്തോട്ടം

Bench	ബഞ്ചെ്
Bush	ബുഷ്
Fence	വലേി
Flower	പൂവ്
Garage	ഗാരജേ്
Garden	തോട്ടം
Grass	പുല്ല്
Hammock	ഹാംഹോക്ക്
Hose	ഹോസ്
Lawn	പുൽത്തകിടി
Pond	കുളം
Porch	പൂമുഖം
Rake	മിനുക്കുക
Rocks	പാറകൾ
Shovel	കോരിക
Terrace	ടറെസ്
Trampoline	ട്രാംപോളിൻ
Tree	വൃക്ഷം
Vine	മുന്തിരിവള്ളി
Weeds	കളകൾ

Gardening
പൂന്തോട്ട

Blossom	പുഷ്പം
Botanical	ബൊട്ടാണിക്കൽ
Bouquet	പൂച്ചണ്ടെ്
Climate	കാലാവസ്ഥ
Compost	കമ്പോസ്റ്റ്
Container	കണ്ടയെ്നർ
Dirt	അഴുക്ക്
Edible	ഭക്ഷ്യ
Exotic	എക്സോട്ടിക്
Floral	പുഷ്പ
Foliage	സസ്യജാലങ്ങളിൽ
Hose	ഹോസ്
Leaf	ഇല
Moisture	ഈർപ്പം
Orchard	തോട്ടം
Seasonal	സീസണൽ
Seeds	വിത്തുകൾ
Soil	മണ്ണ്
Species	സ്പീഷീസ്
Water	വളെ്ളം

Geography
ഭൂമിശാസ്ത്രം

Altitude	ഉയരം
Atlas	അറ്റ്ലസ്
City	നഗരം
Continent	ഭൂഖണ്ഡം
Country	രാജ്യം
Equator	ഭൂമദ്ധ്യരഖേ
Hemisphere	ഹമെിസ്ഫിയർ
Island	ദ്വീപ്
Latitude	അക്ഷാംശം
Map	ഭൂപടം
Meridian	മറെിഡിയൻ
Mountain	മല
North	വടക്ക്
Ocean	സമുദ്രം
River	നദി
Sea	കടൽ
South	തകെ്ക്
Territory	പ്രദശേം
West	പടിഞ്ഞാറ്
World	ലോകം

Geology
ജിയോളജി

Acid	ആസിഡ്
Calcium	കാത്സ്യം
Cavern	ഗുഹ
Continent	ഭൂഖണ്ഡം
Coral	പവിഴം
Crystals	പരലുകൾ
Cycles	ചക്രങ്ങൾ
Earthquake	ഭൂകമ്പം
Erosion	മണ്ണൊലിപ്പ്
Fossil	ഫോസിൽ
Lava	ലാവ
Layer	പാളി
Minerals	ധാതുക്കൾ
Molten	ഉരുകിയ
Plateau	പീഠഭൂമി
Quartz	ക്വാർട്സ്
Salt	ഉപ്പ്
Stalactite	സ്തലച്തിതെ
Stone	കല്ല്
Volcano	അഗ്നിപർവ്വതം

Geometry
ജ്യാമിതി

Angle	കോൺ
Calculation	കണക്കുകൂട്ടൽ
Circle	സർക്കിൾ
Curve	കർവ്
Diameter	വ്യാസം
Dimension	മാനം
Equation	സമവാക്യം
Height	ഉയരം
Horizontal	തിരശ്ചീന
Logic	യുക്തി
Mass	ബഹുജന
Median	മീഡിയൻ
Number	നമ്പർ
Parallel	സമാന്തരം
Proportion	അനുപാതം
Segment	സെഗ്മെന്റ്
Surface	ഉപരിതലത്തിൽ
Symmetry	സമമിതി
Theory	സിദ്ധാന്തം
Triangle	ത്രികോണം

Global Warming
ആഗോള ആഗോളതാപനം

Arctic	ആർട്ടിക്
Attention	ശ്രദ്ധ
Climate	കാലാവസ്ഥ
Consequences	അനന്തരഫലങ്ങൾ
Crisis	പ്രതിസന്ധി
Data	ഡാറ്റ
Development	വികസനം
Energy	ഊർജം
Environmental	പരിസ്ഥിതി
Future	ഭാവി
Gas	ഗ്യാസ്
Generations	തലമുറകൾ
Government	സർക്കാർ
Industry	വ്യവസായം
International	അന്താരാഷ്ട്ര
Legislation	നിയമനിർമാണം
Now	ഇപ്പോൾ
Populations	ജനസംഖ്യ
Scientist	ശാസ്ത്രജ്ഞൻ
Temperatures	താപനില

Government
സർക്കാര്

Citizenship	പൗരത്വം
Civil	സിവിൽ
Constitution	ഭരണഘടന
Democracy	ജനാധിപത്യം
Discussion	ചർച്ച
Dissent	വിയോജിപ്പ്
District	ജില്ല
Equality	സമത്വം
Judicial	ജുഡീഷ്യൽ
Justice	നീതി
Law	നിയമം
Leader	നേതാവ്
Liberty	സ്വാതന്ത്ര്യം
Monument	സ്മാരകം
Nation	ജാതി
Peaceful	സമാധാനപരമായ
Politics	രാഷ്ട്രീയം
Speech	പ്രസംഗം
State	സംസ്ഥാനം
Symbol	ചിഹ്നം

Hair Types
മുടി തരം

Bald	കഷണ്ടി
Black	കറുത്ത
Blond	ദൃഢമാര്ന്ന
Braids	മോഷണവും
Brown	തവിട്ട്
Colored	നിറമുള്ള
Curls	അദ്ധ്യായം
Curly	ചുരുണ്ട
Dry	ഡ്രൈ
Gray	ചാരനിറം
Healthy	ആരോഗ്യകരമായ
Long	നീണ്ട
Scalp	തലയോട്ടി
Shiny	തിളങ്ങുന്ന
Short	ചെറിയ
Silver	വള്ളി
Soft	സോഫ്റ്റ്
Thick	കട്ടിയുള്ള
Thin	നേർത്ത
White	വെള്ള

Health and Wellness #1
ആരോഗ്യവും ക്ഷേമവും #1

Active	സജീവം
Bacteria	ബാക്ടീരിയ
Bones	അസ്ഥികൾ
Clinic	ക്ലിനിക്
Doctor	ഡോക്ടർ
Fracture	ഒടിവ്
Habit	ശീലം
Height	ഉയരം
Hormones	ഹോർമോണുകൾ
Hunger	വിശപ്പ്
Medicine	മരുന്ന്
Muscles	പേശികൾ
Nerves	ഞരമ്പുകൾ
Pharmacy	ഫാർമസി
Reflex	റിഫ്ലക്സ്
Relaxation	ഇളവ്
Skin	തൊലി
Therapy	തെറാപ്പി
Treatment	ചികിത്സ
Virus	വൈറസ്

Health and Wellness #2
ആരോഗ്യവും ക്ഷേമവും #2

Allergy	അലർജി
Anatomy	അനാട്ടമി
Appetite	വിശപ്പ്
Blood	രക്തം
Calorie	കലോറി
Dehydration	നിർജലീകരണം
Diet	ഡയറ്റ്
Disease	രോഗം
Energy	ഊർജം
Genetics	ജനിതകശാസ്ത്രം
Healthy	ആരോഗ്യകരമായ
Hospital	ആശുപത്രി
Hygiene	ശുചിത്വം
Infection	അണുബാധ
Massage	മസാജ്
Nutrition	പോഷകാഹാരം
Recovery	വീണ്ടെടുക്കൽ
Stress	സമ്മർദ്ദം
Vitamin	ജീവകം
Weight	ഭാരം

Herbalism
ഹെർബലിസം

Aromatic	ആരോമാറ്റിക്
Basil	ബസിൽ
Beneficial	ഗുണം
Culinary	പാചക
Fennel	പെരുംജീരകം
Flavor	രസം
Flower	പൂവ്
Garden	തോട്ടം
Garlic	വെളുത്തുള്ളി
Green	പച്ച
Ingredient	ഘടകം
Lavender	ലാവെൻഡർ
Marjoram	മർജോരമ്
Mint	പുതിന
Oregano	ഒറിഗാനോ
Parsley	ആരാണാവോ
Plant	പ്ലാന്റ്
Rosemary	റോസ്മേരി
Saffron	കുങ്കുമം
Tarragon	തര്രഗൊന്

House
വീട്

Attic	തട്ടിന്പുറം
Broom	ചൂല്
Curtains	മൂടുശീല
Door	വാതിൽ
Fence	വേലി
Fireplace	അടുപ്പ്
Floor	തറ
Furniture	ഫർണിച്ചർ
Garage	ഗാരേജ്
Garden	തോട്ടം
Keys	കീകൾ
Kitchen	അടുക്കള
Lamp	വിളക്ക്
Library	ലൈബ്രറി
Mirror	കണ്ണാടി
Roof	മേൽക്കൂര
Room	മുറി
Shower	ഷവർ
Wall	മതിൽ
Window	ജാലകം

Human Body
മനുഷ്യ ശരീരം

Ankle	കണങ്കാൽ
Blood	രക്തം
Bones	അസ്ഥികൾ
Brain	ബുദ്ധി
Chin	ചിൻ
Ear	ചെവി
Elbow	കൈമുട്ട്
Face	മുഖം
Finger	വിരൽ
Hand	കൈ
Head	തല
Heart	ഹൃദയം
Jaw	അണയിൽ
Knee	മുട്ടുകുത്തി
Leg	ലെഗ്
Mouth	വായ
Neck	കഴുത്ത്
Nose	മൂക്ക്
Shoulder	തോൾ
Skin	തൊലി

Jazz
ജാസ്

Album	ആൽബം
Applause	കരഘോഷം
Artist	കലാകാരന്
Composition	ഘടന
Concert	കച്ചേരി
Drums	ഡ്രംസ്
Emphasis	ഊന്നൽ
Famous	പ്രശസ്ത
Favorites	പ്രിയപ്പെട്ടവ
Genre	തരം
Influences	സ്വാധീനങ്ങൾ
Music	സംഗീതം
New	പുതിയ
Old	പഴയ
Orchestra	ഓർക്കസ്ട്ര
Rhythm	താളം
Song	ഗാനം
Style	ശൈലി
Talent	ടാലന്റ്
Technique	സാങ്കേതികത

Landscapes
ഭൂപ്രകൃതിയും

Beach	ബീച്ച്
Cave	ഗുഹ
Cliff	പാറ
Cove	ഉൾക്കടൽ
Desert	മരുഭൂമി
Dunes	ഡൺസ്
Estuary	അഴിമുഖം
Glacier	ഹിമാനി
Island	ദ്വീപ്
Lake	തടാകം
Mountain	മല
Oasis	ഒയാസിസ്
Ocean	സമുദ്രം
River	നദി
Sea	കടൽ
Swamp	ചതുപ്പ്
Tundra	ചെയ്യുന്നു
Valley	താഴ്‌വര
Volcano	അഗ്നിപർവ്വത ം
Waterfall	വെള്ളച്ചാട്ടം

Literature
സാഹിത്യം

Analogy	ൾ
Analysis	വിശകലനം
Anecdote	കഥ
Author	രചയിതാവ്
Biography	ജീവചരിത്രം
Comparison	താരതമ്യം
Conclusion	ഉപസംഹാരം
Description	വിവരണം
Dialogue	സംഭാഷണം
Fiction	ഫിക്ഷൻ
Metaphor	രൂപകം
Narrator	ആഖ്യാതാവ്
Novel	നോവൽ
Poem	കവിത
Poetic	കാവ്യാത്മകം
Rhyme	ഹാസ്യ
Rhythm	താളം
Style	ശൈലി
Theme	തീം
Tragedy	ദുരന്തം

Mammals
സസ്തനികൾ

Bear	കരടി
Beaver	ബീവർ
Bull	കാള
Camel	ഒട്ടകം
Cat	പൂച്ച
Dog	നായ
Dolphin	ഡോൾഫിൻ
Elephant	ആന
Fox	ഫോക്സ്
Giraffe	ജിറാഫ്
Gorilla	ഗൊറില്ല
Horse	കുതിര
Kangaroo	കംഗാരു
Lion	സിംഹം
Monkey	കുരങ്ങ്
Rabbit	മുയൽ
Sheep	ചെമ്മരിയാട്
Whale	തിമിംഗലം
Wolf	ചെന്നായ
Zebra	സീബ്ര

Math
മഠം

Angles	ആംഗിളുകൾ
Arithmetic	ഗണിത
Decimal	ദശാംശ
Diameter	വ്യാസം
Division	ഡിവിഷൻ
Equation	സമവാക്യം
Exponent	എക്സ്പോണന്റ്
Fraction	അംശം
Geometry	ജ്യാമിതി
Numbers	നമ്പറുകൾ
Parallel	സമാന്തരം
Perimeter	ചുറ്റളവ്
Polygon	പോളിഗോൺ
Radius	ആരം
Rectangle	ദീർഘചതുരം
Square	കവല
Sum	സം
Symmetry	സമമിതി
Triangle	ത്രികോണം
Volume	ശബ്ദം

Measurements
അളവെടുക്കുന്നു

Byte	ബൈറ്റ്
Centimeter	സെന്റീമീറ്റർ
Decimal	ദശാംശ
Degree	ഡിഗ്രി
Depth	ആഴം
Gram	ഗ്രാം
Height	ഉയരം
Inch	ഇഞ്ച്
Kilogram	കിലോഗ്രാം
Kilometer	കിലോമീറ്റർ
Length	നീളം
Liter	ലിറ്റർ
Mass	ബഹുജന
Meter	മീറ്റർ
Minute	മിനിറ്റ്
Ounce	ഔൺസ്
Ton	ടൺ
Volume	ശബ്ദം
Weight	ഭാരം
Width	വീതി

Meditation
ധ്യാനം

Acceptance	സ്വീകാര്യത
Attention	ശ്രദ്ധ
Awake	ഉണരുക
Breathing	ശ്വസനം
Calm	ശാന്തം
Clarity	വ്യക്തത
Compassion	അനുകമ്പ
Emotions	വികാരങ്ങൾ
Gratitude	നന്ദി
Habits	ശീലങ്ങൾ
Kindness	ദയ
Mental	മാനസിക
Mind	മനസ്സ്
Movement	പ്രസ്ഥാനം
Music	സംഗീതം
Nature	പ്രകൃതി
Peace	സമാധാനം
Perspective	കാഴ്ചപ്പാട്
Silence	നിശ്ശബ്ദം
Thoughts	ചിന്തകൾ

Music
സംഗീതം

Album	ആൽബം
Chorus	കോറസ്
Classical	ക്ലാസിക്കൽ
Harmonic	ഹാർമോണിക്
Harmony	ഹാർമണി
Improvise	ഇംപ്രൂവ്
Instrument	ഉപകരണ
Lyrical	രമണീയമായ
Melody	മെലഡി
Microphone	മൈക്രോഫോൺ
Musical	സംഗീത
Musician	സംഗീതജ്ഞൻ
Opera	ഓപ്പറ
Poetic	കാവ്യാത്മകം
Recording	റെക്കോർഡിംഗ്
Rhythm	താളം
Sing	പാടുക
Singer	ഗായകൻ
Tempo	വൈകൊതെ
Vocal	ശബ്ദം

Mythology
മിത്തോളജി

Archetype	ആർക്കിടൈപ്പ്
Behavior	പെരുമാറ്റം
Beliefs	വിശ്വാസങ്ങൾ
Creation	സൃഷ്ടി
Creature	ജീവി
Culture	സംസ്കാരം
Deities	ദേവതകൾ
Disaster	ദുരന്തം
Heaven	സ്വർഗം
Hero	ഹീറോ
Immortality	അനശ്വരത
Jealousy	അസൂയ
Labyrinth	ലാബിരിംത്
Legend	ഇതിഹാസം
Lightning	മിന്നൽ
Monster	രാക്ഷസൻ
Mortal	മോർട്ടൽ
Revenge	പ്രതികാരം
Thunder	ഇടിമുഴക്കം
Warrior	യോദ്ധാവ്

Nature
പ്രകൃതി

Animals	മൃഗങ്ങൾ
Arctic	ആർട്ടിക്
Beauty	സൗന്ദര്യം
Bees	തേനീച്ച
Cliffs	മലഞ്ചരിവുകൾ
Clouds	മേഘങ്ങൾ
Desert	മരുഭൂമി
Dynamic	ഡൈനാമിക്
Erosion	മണ്ണൊലിപ്പ്
Fog	മൂടൽമഞ്ഞ്
Foliage	സസ്യജാലങ്ങളിൽ
Forest	വനം
Glacier	ഹിമാനി
Peaceful	സമാധാനപരമായ
River	നദി
Sanctuary	സങ്കേതം
Serene	ശുദ്ധവായു
Tropical	ഉഷ്ണമേഖലാ
Vital	സുപ്രധാന
Wild	വൈൽഡ്

Numbers
നമ്പറുകൾ

Decimal	ദശാംശ
Eight	എട്ട്
Eighteen	പതിനെട്ട്
Fifteen	പതിനഞ്ച്
Five	അഞ്ച്
Four	നാല്
Fourteen	പതിനാല്
Nine	ഒമ്പത്
Nineteen	പത്തൊമ്പത്
One	ഒന്ന്
Seven	ഏഴ്
Seventeen	പതിനേഴ്
Six	ആറ്
Sixteen	പതിനാറ്
Ten	പത്ത്
Thirteen	പതിമൂന്ന്
Three	മൂന്ന്
Twelve	പന്ത്രണ്ട്
Twenty	ഇരുപത്
Two	രണ്ട്

Nutrition
പോഷകാഹാരം

Appetite	വിശപ്പ്
Balanced	സമതുലിതമായ
Bitter	ബിറ്റർ
Calories	കലോറി
Diet	ഡയറ്റ്
Digestion	ദഹനം
Edible	ഭക്ഷ്യ
Fermentation	പുളിപ്പിക്കൽ
Flavor	രസം
Habits	ശീലങ്ങൾ
Health	ആരോഗ്യം
Healthy	ആരോഗ്യകരമായ
Liquids	ദ്രാവകങ്ങൾ
Nutrient	പോഷകാഹാരം
Proteins	പ്രോട്ടീനുകൾ
Quality	ഗുണമേന്മയുള്ള
Sauce	സോസ്
Toxin	ടോക്സിൻ
Vitamin	ജീവകം
Weight	ഭാരം

Ocean
മഹാസമുദ്രം

Algae	ആൽഗ
Boat	വള്ളം
Coral	പവിഴം
Crab	ഞണ്ട്
Dolphin	ഡോൾഫിൻ
Eel	ഈൽ
Fish	മത്സ്യം
Jellyfish	ജെല്ലിഫിഷ്
Octopus	നീരാളി
Reef	റീഫ്
Salt	ഉപ്പ്
Shark	സ്രാവ്
Shrimp	ചെമ്മീൻ
Sponge	സ്പോഞ്ച്
Storm	കൊടുങ്കാറ്റ്
Tides	വേലിയേറ്റം
Tuna	ട്യൂണ
Turtle	കടലാമ
Whale	തിമിംഗലം

Physics
ഫിസിക്സ്

Acceleration	ത്വരണം
Atom	ആറ്റം
Chaos	കുഴപ്പം
Chemical	കെമിക്കൽ
Density	സാന്ദ്രത
Electron	ഇലക്ട്രോൺ
Engine	എഞ്ചിൻ
Formula	ഫോർമുല
Frequency	ആവൃത്തി
Gas	ഗ്യാസ്
Magnetism	കാന്തികത
Mass	ബഹുജന
Mechanics	മെക്കാനിക്സ്
Molecule	തന്മാത്ര
Nuclear	ആണവ
Particle	കണിക
Relativity	ആപേക്ഷികത
Speed	വേഗത
Universal	സാർവത്രിക
Velocity	പ്രവേഗം

Plants
സസ്യങ്ങൾ

Bamboo	മുള
Bean	ബീൻ
Berry	ബെറി
Botany	പൊതുവായ
Bush	ബുഷ്
Cactus	കള്ളിച്ചെടി
Fertilizer	വളം
Flora	ഫ്ലോറ
Flower	പൂവ്
Foliage	സസ്യജാലങ്ങളിൽ
Forest	വനം
Garden	തോട്ടം
Grass	പുല്ല്
Ivy	ഐവി
Moss	മോസ്
Petal	ഇതള്
Root	റൂട്ട്
Stem	തണ്ട്
Tree	വൃക്ഷം
Vegetation	വെജിറ്റേഷൻ

Professions #1
ഉദ്യോഗങ്ങൾക്കും #1

Ambassador	അംബാസഡർ
Attorney	അറ്റോർണി
Banker	ബാങ്കർ
Cartographer	കാർട്ടോഗ്രാഫർ
Coach	കോച്ച്
Dancer	നർത്തകി
Doctor	ഡോക്ടർ
Editor	എഡിറ്റർ
Geologist	ജിയോളജിസ്റ്റ്
Jeweler	ആഭരണം
Lawyer	അഭിഭാഷകൻ
Musician	സംഗീതജ്ഞൻ
Nurse	നഴ്സ്
Pharmacist	ഫാർമസിസ്റ്റ്
Pianist	പിയാനിസ്റ്റ്
Plumber	പ്ലംബർ
Sailor	നാവികൻ
Scientist	ശാസ്ത്രജ്ഞൻ
Tailor	തയ്യൽക്കാരൻ
Veterinarian	മൃഗവൈദ്യൻ

Professions #2
ഉദ്യോഗങ്ങൾക്കും #2

Biologist	ജൈവ
Chemist	രസതന്ത്രം
Detective	ഡിറ്റക്ടീവ്
Engineer	എഞ്ചിനീയർ
Farmer	കർഷകൻ
Gardener	തോട്ടക്കാരൻ
Investigator	അന്വേഷകൻ
Librarian	ലൈബ്രേറിയൻ
Linguist	ഭാഷാ പണ്ഡിതൻ
Painter	ചിത്രകാരൻ
Philosopher	ദാർശനികൻ
Photographer	ഫോട്ടോഗ്രാഫർ
Physician	വൈദ്യൻ
Pilot	പൈലറ്റ്
Professor	പ്രൊഫസർ
Publisher	പ്രസാധകൻ
Researcher	ഗവേഷകൻ
Surgeon	സർജൻ
Teacher	അധ്യാപകൻ
Zoologist	സുവോളജിസ്റ്റ്

Psychology
മനഃശാസ്ത്രം

Appointment	നിയമനം
Assessment	വിലയിരുത്തൽ
Behavior	പെരുമാറ്റം
Childhood	കുട്ടിക്കാലം
Clinical	ക്ലിനിക്കൽ
Cognition	അറിവ്
Conflict	സംഘർഷം
Dreams	സ്വപ്നങ്ങൾ
Ego	അഹം
Emotions	വികാരങ്ങൾ
Ideas	ആശയങ്ങൾ
Perception	ധാരണ
Personality	വ്യക്തിത്വം
Problem	പ്രശ്നം
Reality	റിയാലിറ്റി
Sensation	സംവേദനം
Subconscious	ഉപബോധമനസ്സ്
Therapy	തെറാപ്പി
Thoughts	ചിന്തകൾ
Unconscious	അബോധാവസ്ഥയിൽ

Rainforest
മഴക്കാടുകളുടെ

Amphibians	ഉഭയജീവികൾ
Birds	പക്ഷികൾ
Botanical	ബൊട്ടാണിക്കൽ
Climate	കാലാവസ്ഥ
Clouds	മേഘങ്ങൾ
Community	കമ്മ്യൂണിറ്റി
Diversity	വൈവിധ്യം
Insects	പ്രാണികളെ
Jungle	ജംഗിൾ
Mammals	സസ്തനികൾ
Moss	മോസ്
Nature	പ്രകൃതി
Preservation	സംരക്ഷണം
Refuge	അഭയം
Respect	ആദരവ്
Restoration	പുനഃസ്ഥാപന
Species	സ്പീഷീസ്
Survival	അതിജീവനം
Valuable	വിലപ്പെട്ട

Restaurant #1
റെസ്റ്റോറന്റ് #1

Allergy	അലർജി
Bowl	ബൗൾ
Bread	അപ്പം
Cashier	കാഷ്യർ
Chicken	ചിക്കൻ
Coffee	കാപ്പി
Dessert	മധുരപലഹാരം
Food	ഭക്ഷണം
Ingredients	ചേരുവകൾ
Kitchen	അടുക്കള
Knife	കത്തി
Meat	മാംസം
Menu	മെനു
Napkin	തൂവാല
Plate	പ്ലേറ്റ്
Reservation	റിസർവേഷൻ
Sauce	സോസ്
Spicy	എരിവും
Waitress	പരിചാരിക

Restaurant #2
റെസ്റ്റോറന്റ് #2

Appetizer	വിശപ്പ്
Beverage	പാനീയം
Cake	കേക്ക്
Chair	കസേര
Delicious	രുചികരമായ
Dinner	അത്താഴം
Eggs	മുട്ട
Fish	മത്സ്യം
Fork	ഫോർക്ക്
Fruit	പഴം
Ice	ഐസ്
Lunch	ഉച്ചഭക്ഷണം
Noodles	നൂഡിൽസ്
Salad	സാലഡ്
Salt	ഉപ്പ്
Soup	സൂപ്പ്
Spoon	കരണ്ടി
Vegetables	പച്ചക്കറികൾ
Waiter	വെയ്റ്റർ
Water	വെള്ളം

Science
ശാസ്ത്രം

Atom	ആറ്റം
Chemical	കമെിക്കൽ
Climate	കാലാവസ്ഥ
Data	ഡാറ്റ
Evolution	പരിണാമം
Experiment	പരീക്ഷണം
Fact	വസ്തുത
Fossil	ഫോസിൽ
Gravity	ഗ്രാവിറ്റി
Hypothesis	സിദ്ധാന്തം
Laboratory	ലബോറട്ടറി
Method	രീതി
Minerals	ധാതുക്കൾ
Molecules	തന്മാത്രകൾ
Nature	പ്രകൃതി
Observation	നിരീക്ഷണം
Particles	കണികകൾ
Physics	ഫിസിക്സ്
Plants	സസ്യങ്ങൾ
Scientist	ശാസ്ത്രജ്ഞൻ

Science Fiction
സയൻസ് ഫിക്ഷൻ

Atomic	ആറ്റം
Books	പുസ്തകങ്ങൾ
Chemicals	രാസവസ്തുക്കൾ
Cinema	സിനിമ
Dystopia	ഡിസ്റ്റോപിയ
Explosion	സ്ഫോടനം
Extreme	കടുത്ത
Fantastic	ഫന്റാസ്റ്റിക്
Fire	തീ
Galaxy	ഗാലക്സി
Illusion	ഭ്രമം
Imaginary	സാങ്കൽപ്പിക
Mysterious	നിഗൂഢമായ
Novels	നോവലുകൾ
Oracle	ഒറാക്കിൾ
Planet	ഗ്രഹം
Realistic	റിയലിസ്റ്റിക്
Robots	റോബോട്ടുകൾ
Utopia	ഉട്ടോപ്യ
World	ലോകം

Scientific Disciplines
ശാസ്ത്രശാഖകൾ

Anatomy	അനാട്ടമി
Biochemistry	പ ാെതുവായ
Biology	ജീവശാസ്ത്രം
Botany	പ ാെതുവായ
Chemistry	രസതന്ത്രം
Ecology	ശരീരഘടന
Geology	ഭൂമിശാസ്ത്രം
Immunology	ഇമ്മ്യൂണോളജി
Kinesiology	കനൈെസിയോളജി
Linguistics	ഭാഷാശാസ്ത്രം
Mechanics	മകെ്കാനിക്സ്
Mineralogy	മിനറോളജി
Neurology	ന്യൂറോളജി
Nutrition	പോഷകാഹാരം
Physiology	ഫിസിയോളജി
Psychology	മനഃശാസ്ത്രം
Robotics	റോബോട്ടിക്സ്
Sociology	സോഷ്യോളജി
Thermodynamics	ഭൗതികശാസ്ത്രം
Zoology	സുവോളജി

Shapes
ആകൃതികൾ

Arc	ആർക്
Circle	സർക്കിൾ
Cone	കോൺ
Corner	മൂല
Cube	ക്യൂബ്
Curve	കർവ്
Cylinder	സിലിണ്ടർ
Ellipse	ദീർഘവൃത്തം
Hyperbola	ഹപൈ്പർബോള
Line	ലനൈ്
Oval	ഓവൽ
Polygon	പോളിഗോൺ
Prism	പ്രിസം
Pyramid	പിരമിഡ്
Rectangle	ദീർഘചതുരം
Round	റൗണ്ട്
Side	വശം
Sphere	ഗോളം
Square	കവല
Triangle	ത്രികോണം

Spices
സുഗന്ധവ്യഞ്ജനങ്ങൾ

Anise	അനീസ്
Bitter	ബിറ്റർ
Cardamom	ഏലം
Cinnamon	കറുവാപ്പട്ട
Clove	ഗ്രാമ്പൂ
Coriander	മല്ലി
Cumin	ജീരകം
Curry	കറി
Fennel	പെരുംജീരകം
Fenugreek	ഉലുവ
Flavor	രസം
Garlic	വളെുത്തുള്ളി
Ginger	ഇഞ്ചി
Nutmeg	ജാതിക്ക
Onion	ഉള്ളി
Paprika	പപ്രിക
Saffron	കുങ്കുമം
Salt	ഉപ്പ്
Sweet	മധുരം
Vanilla	വാനില

Sport
സ്പോർട്ട്

Ability	കഴിവ്
Body	ശരീരം
Bones	അസ്ഥികൾ
Cardiovascular	ഹൃദയ
Coach	കോച്ച്
Cycling	സകൈ്ലിംഗ്
Dancing	നൃത്തം
Diet	ഡയറ്റ്
Endurance	സഹിഷ്ണുത
Goal	ലക്ഷ്യം
Health	ആരോഗ്യം
Jogging	ഓട്ടം
Maximize	വലുതാക്കുക
Metabolic	ഉപാപചയ
Muscles	പശേികൾ
Nutrition	പോഷകാഹാരം
Program	പ്രോഗ്രാം
Sports	സ്പോർട്സ്
Strength	ശക്തി
Stretching	സ്ട്രചെ്ചിംഗ്

Technology
ടെക്നോളജി

Blog	ബ്ലോഗ്
Browser	ബ്രൗസർ
Bytes	ബൈറ്റ്സ്
Camera	ക്യാമറ
Computer	കമ്പ്യൂട്ടർ
Cursor	കഴ്സർ
Data	ഡാറ്റ
Digital	ഡിജിറ്റൽ
Display	ഡിസ്പ്ലേ
File	ഫയല്
Font	ഫോണ്ട്
Internet	ഇന്റർനെറ്റ്
Message	സന്ദേശം
Research	ഗവേഷണം
Screen	സ്ക്രീൻ
Security	സുരക്ഷ
Software	സോഫ്റ്റ്വെയർ
Virtual	വെർച്വൽ
Virus	വൈറസ്

The Company
കമ്പനി

Business	ബിസിനസ്സ്
Creative	സൃഷ്ടിപരമായ
Decision	തീരുമാനം
Employment	തൊഴിൽ
Industry	വ്യവസായം
Innovative	നൂതനമായ
Investment	നിക്ഷേപം
Possibility	സാധ്യത
Presentation	അവതരണം
Product	ഉത്പന്നം
Professional	പ്രൊഫഷണൽ
Progress	പുരോഗതി
Quality	ഗുണമേന്മയുള്ള
Reputation	പ്രശസ്തി
Resources	വിഭവങ്ങൾ
Revenue	വരുമാനം
Risks	അപകട
Trends	ട്രെൻഡുകൾ
Units	യൂണിറ്റുകൾ
Wages	വേതനം

The Media
മീഡിയ

Advertisements	പരസ്യങ്ങൾ
Attitudes	മനോഭാവം
Commercial	വാണിജ്യ
Communication	ആശയവിനിമയം
Digital	ഡിജിറ്റൽ
Edition	പതിപ്പ്
Education	വിദ്യാഭ്യാസം
Facts	വസ്തുതകൾ
Funding	ഫണ്ടിംഗ്
Images	ചിത്രങ്ങൾ
Individual	വ്യക്തി
Industry	വ്യവസായം
Intellectual	ബൗദ്ധിക
Local	പ്രാദേശിക
Network	നെറ്റ് വർക്ക്
Newspapers	പത്രങ്ങൾ
Online	ഓൺലൈൻ
Opinion	അഭിപ്രായം
Public	പൊതു
Radio	റേഡിയോ

Time
സമയം

Annual	വാർഷിക
Before	മുമ്പ്
Calendar	കലണ്ടർ
Century	നൂറ്റാണ്ട്
Clock	ക്ലോക്ക്
Day	ദിവസം
Decade	ദശകം
Early	നേരത്തെ
Future	ഭാവി
Hour	മണിക്കൂർ
Minute	മിനിറ്റ്
Month	മാസം
Morning	രാവിലെ
Night	രാത്രി
Noon	ഉച്ചയ്ക്ക്
Now	ഇപ്പോൾ
Soon	ഉടൻ
Today	ഇന്ന്
Week	ആഴ്ച
Year	വർഷം

Town
പട്ടണം

Airport	വിമാനത്താവളം
Bakery	ബേക്കറി
Bank	ബാങ്ക്
Bookstore	പുസ്തകശാല
Cinema	സിനിമ
Clinic	ക്ലിനിക്
Florist	സലൂൺ
Gallery	ഗാലറി
Hotel	ഹോട്ടൽ
Library	ലൈബ്രറി
Market	വിപണി
Museum	മ്യൂസിയം
Pharmacy	ഫാർമസി
Restaurant	റെസ്റ്റോറന്റ്
School	വിദ്യാലയം
Stadium	സ്റ്റേഡിയം
Store	കട
Theater	തിയേറ്റർ
Zoo	മൃഗശാല

Universe
പ്രപഞ്ചം

Asteroid	ഛിന്നഗ്രഹം
Atmosphere	അന്തരീക്ഷം
Celestial	ഖഗോള
Cosmic	കോസ്മിക്
Darkness	ഇരുട്ട്
Eon	ഇയോൺ
Equator	ഭൂമദ്ധ്യരേഖ
Galaxy	ഗാലക്സി
Hemisphere	ഹെമിസ്ഫിയർ
Horizon	ചക്രവാളം
Latitude	അക്ഷാംശം
Longitude	രേഖാംശം
Moon	ചന്ദ്രൻ
Orbit	ഭ്രമണപഥം
Sky	ആകാശം
Solar	സോളാർ
Solstice	സംക്രമണം
Telescope	ദൂരദർശിനി
Visible	ദൃശ്യമായ
Zodiac	രാശിചക്രം

Vacation #2
അവധിക്കാല #2

Airport	വിമാനത്താവളം
Beach	ബീച്ച്
Camping	ക്യാമ്പിംഗ്
Destination	ലക്ഷ്യസ്ഥാനം
Foreign	വിദേശ
Foreigner	വിദേശി
Holiday	അവധി
Hotel	ഹോട്ടൽ
Island	ദ്വീപ്
Journey	യാത്ര
Leisure	വിനോദം
Map	ഭൂപടം
Passport	പാസ്പോർട്ട്
Restaurant	റെസ്റ്റോറന്റ്
Sea	കടൽ
Taxi	ടാക്സി
Tent	കൂടാരം
Train	തീവണ്ടി
Transportation	ഗതാഗതം
Visa	വിസ

Vegetables
പച്ചക്കറികൾ

Artichoke	ആർട്ടികോക്ക്
Broccoli	ബ്രൊക്കോളി
Carrot	കാരറ്റ്
Cauliflower	കോളിഫ്ലവർ
Celery	അയമോദകം
Cucumber	വെള്ളരിക്ക
Eggplant	വഴുതന
Garlic	വെളുത്തുള്ളി
Ginger	ഇഞ്ചി
Mushroom	കൂൺ
Onion	ഉള്ളി
Parsley	ആരാണാവോ
Pea	പി.ഇ.എ.
Pumpkin	മത്തങ്ങ
Radish	റാഡിഷ്
Salad	സാലഡ്
Shallot	ചുവന്നുള്ളി
Spinach	ചീര
Tomato	തക്കാളി
Turnip	ടേൺഐപി

Vehicles
വാഹനങ്ങൾ

Airplane	വിമാനം
Ambulance	ആംബുലൻസ്
Bicycle	സൈക്കിൾ
Boat	വള്ളം
Bus	ബസ്
Car	കാർ
Caravan	കാരവൻ
Engine	എഞ്ചിൻ
Ferry	ഫെറി
Helicopter	ഹെലികോപ്റ്റർ
Motor	മോട്ടോർ
Raft	ചങ്ങാടം
Rocket	റോക്കറ്റ്
Scooter	സ്കൂട്ടർ
Submarine	അന്തർവാഹിനി
Subway	സബ്‌വേ
Taxi	ടാക്സി
Tires	ടയറുകൾ
Tractor	ട്രാക്ടർ
Truck	ട്രക്ക്

Virtues #1
ശ്രേഷ്ഠത #1

Artistic	കലാപരമായ
Charming	നു
Clean	വെടിപ്പുള്ള
Confident	ആത്മവിശ്വാസം
Curious	കൗതുകകരമായ
Decisive	നിർണ്ണായകം
Efficient	കാര്യക്ഷമമായ
Funny	തമാശ
Generous	ഉദാരമായ
Good	നല്ല
Helpful	സഹായകരമായ
Imaginative	ഭാവനാശാലിയായ
Independent	സ്വതന്ത്ര
Intelligent	ബുദ്ധിയുള്ള
Modest	എളിമയുള്ള
Passionate	വികാരാധീനമായ
Patient	രോഗി
Practical	പ്രായോഗിക
Reliable	വിശ്വസനീയമായ
Wise	വൈസ്

Visual Arts
വിഷ്വൽ ആർട്സ്

Architecture	വാസ്തുവിദ്യ
Artist	കലാകാരന്
Ceramics	സെറാമിക്സ്
Chalk	ചോക്ക്
Charcoal	കരി
Clay	കളിമണ്ണ്
Composition	ഘടന
Creativity	സർഗാത്മകത
Easel	ഈസൽ
Film	സിനിമ
Masterpiece	മാസ്റ്റർപീസ്
Pen	പേന
Pencil	പെൻസിൽ
Perspective	കാഴ്ചപ്പാട്
Portrait	ഛായാചിത്രം
Pottery	മൺപാത്രങ്ങൾ
Sculpture	ശില്പം
Stencil	സ്റ്റെൻസിൽ
Varnish	വാർണിഷ്
Wax	മെഴുക്

Water
വെള്ളം

Canal	കനാൽ
Damp	നനഞ്ഞ
Evaporation	ബാഷ്പീകരണം
Flood	വെള്ളപ്പൊക്കം
Frost	മഞ്ഞ്
Geyser	ഗെയ്സർ
Hurricane	ചുഴലിക്കാറ്റ്
Ice	ഐസ്
Irrigation	ജലസേചനം
Lake	തടാകം
Moisture	ഈർപ്പം
Monsoon	മൺസൂൺ
Ocean	സമുദ്രം
Rain	മഴ
River	നദി
Shower	ഷവർ
Snow	മഞ്ഞും
Soaked	ലഹരി
Steam	ആവി

Weather
കാലാവസ്ഥ

Atmosphere	അന്തരീക്ഷം
Calm	ശാന്തമായ
Climate	കാലാവസ്ഥ
Cloud	മേഘം
Drought	വരൾച്ച
Dry	ഡ്രൈ
Flood	വെള്ളപ്പൊക്കം
Fog	മൂടൽ
Hurricane	ചുഴലിക്കാറ്റ്
Ice	ഐസ്
Lightning	മിന്നൽ
Monsoon	മൺസൂൺ
Polar	ധ്രുവ
Rainbow	മഴവില്ല്
Sky	ആകാശം
Storm	കൊടുങ്കാറ്റ്
Temperature	താപനില
Thunder	ഇടിമുഴക്കം
Tropical	ഉഷ്ണമേഖലാ
Wind	കാറ്റ്

Congratulations

You made it!

We hope you enjoyed this book as much as we enjoyed making it. We do our best to make high quality games.
These puzzles are designed in a clever way for you to learn actively while having fun!

Did you love them?

A Simple Request

Our books exist thanks your reviews. Could you help us by leaving one now?

Here is a short link which will take you to your order review page:

BestBooksActivity.com/Review50

MONSTER CHALLENGE!

Challenge #1

Ready for Your Bonus Game? We use them all the time but they are not so easy to find. Here are **Synonyms**!

Note 5 words you discovered in each of the Puzzles noted below (#21, #36, #76) and try to find 2 synonyms for each word.

*Note 5 Words from **Puzzle 21***

Words	Synonym 1	Synonym 2

*Note 5 Words from **Puzzle 36***

Words	Synonym 1	Synonym 2

*Note 5 Words from **Puzzle 76***

Words	Synonym 1	Synonym 2

Challenge #2

Now that you are warmed-up, note 5 words you discovered in each Puzzle noted below (#9, #17, #25) and try to find 2 antonyms for each word. How many lines can you do in 20 minutes?

Note 5 Words from ***Puzzle 9***

Words	Antonym 1	Antonym 2

Note 5 Words from ***Puzzle 17***

Words	Antonym 1	Antonym 2

Note 5 Words from ***Puzzle 25***

Words	Antonym 1	Antonym 2

Challenge #3

Wonderful, this monster  challenge is nothing to you!

Ready for the last one? Choose your 10 favorite words discovered in any of the Puzzles and note them below.

1.	6.
2.	7.
3.	8.
4.	9.
5.	10.

Now, using these words and within a maximum of six sentences, your challenge is to compose a text about a person, animal or place that you love!

Tip: You can use the last blank page of this book as a draft!

Your Writing:

NOTEBOOK:

SEE YOU SOON!

Linguas Classics Team

www.ingramcontent.com/pod-product-compliance
Lightning Source LLC
LaVergne TN
LVHW060040210926
848481LV00013B/3916